JIGUANG XIANQU DENGXIMING

激光先驱邓锡铭

詹文格　詹谷丰　著

SPM 南方出版传媒　广东人民出版社

·广州·

图书在版编目（CIP）数据

激光先驱邓锡铭 / 詹文格，詹谷丰著．—广州：广东人民出版社，
2015.12

ISBN 978-7-218-10384-6

Ⅰ.①激…　Ⅱ.①詹…　②詹…　Ⅲ.①邓锡铭—生平事迹
Ⅳ.① K826.11

中国版本图书馆 CIP 数据核字（2015）第 231185 号

JIGUAN XIANQU DENGXIMING
激 光 先 驱 邓 锡 铭

詹文格　詹谷丰　著

出 版 人：曾　莹

责任编辑：卢家明　钟　菱　郭军方
封面设计：陈小丹
责任技编：周　杰　黎碧霞

出版发行：广东人民出版社
地　　址：广州市大沙头四马路 10 号（邮政编码：510102）
电　　话：（020）83798714（总编室）
传　　真：（020）83780199
网　　址：http://www.gdpph.com.
印　　刷：广州家联印刷有限公司
开　　本：787 毫米 × 1092 毫米　1/16
印　　张：15.75　字数：315 千
版　　次：2015 年 12 月第 1 版　2015 年 12 月第 1 次印刷
定　　价：35.00 元

如发现印装质量问题，影响阅读，请与出版社（020-83795749）联系调换。

目 录

乡道悠长，连接着绵长的情感，一对父子，在路的两端寻找生命的源头。在邓锡铭心里，邓屋，不仅是启蒙人生的故土，更是枝繁叶茂的大树。在一个书香家族的血脉奔腾中，滋养着一名科学家爱己、爱人、爱家、爱乡、爱国、爱人类的博大情怀。

1961年9月，那是一个载入中国激光科技史的时刻，我国第一台红宝石激光器在长春光学精密机械研究所输出了激光。这个时间与世界上第一台红宝石激光器的问世仅隔一年时间，光芒的背后，表明了我国科技工作者奋勇争先、赶超一流、不落人后的万丈豪情。如今的红宝石，成为精神的珠玉，光华闪烁，照耀大地。

具有担当精神的个体，组成了令人敬仰的群体。1963年，为配合原子弹、导弹研制，长春光学精密机械研究所知难而进，在极短的时间内完成了原子弹、导弹光学测量仪的研制任务。这一年是中国光学科技的丰收年，长春光学精密机械研究所更是硕果累累，一次性推出"八大件"向党中央汇报。作为研制团队的代表，邓锡铭走进人民大会堂，受到了朱德委员长、周恩来总理的亲切接见。

第六章　狂飙来袭的劫难 / 124

那是一段不堪回首的往事，赤胆忠心的科研骨干被打翻在地，关进了监狱。精神与肉体的双重摧残，使邓锡铭几近崩溃，身体虚弱成一根干草，一米七几的汉子，出狱时体重仅剩44公斤。手指甲和脚趾甲全部掉光了，而且还不时吐血。然而遭受如此沉重的冤屈和打击，他依然痴心未改，忘我工作，取得了令人瞩目的成果。

第七章　科技无国界 / 147

"863"计划的实施是我国高技术及其产业发展的里程碑，成为推动我国高技术发展的引擎。然而这个计划的出台，有一个关键人物，他始终隐藏在幕后，不为人知。1983年，美国政府提出了星球大战计划，当时邓锡铭正好在美国访问，他获知这一消息后，自费购买了一批重要的文献资料。回国后立即向王淦昌、王大珩两位前辈汇报，随后催生了影响重大的"863"计划。

访问日本的前夜，邓锡铭内心波澜起伏，日军侵华的暴行，针尖一样从脑海中冒出，让他对这个即将前往的岛国多了一层审视。然而访日归来，邓锡铭感慨万分，日本科学家的独立精神和科研方式让他对自身有了更清醒的认识。作为一名敢于担当的科学家，他深知只有依靠科技的发展，经济的振兴，才能找回民族的尊严。

邓锡铭是新中国自己培养的第一代科学家，这一代人有着崇高的理想信念，他们热爱祖国，追求真理，不怕困难，大胆创新。在条件艰苦、物质贫乏的年代，正是依靠这种精神，才能战胜无数的艰难险阻和利益诱惑，才能铸就中国科技的巍峨丰碑。

1997年12月20日，对激光科研领域来说，那是一个极度灰暗的日子，由于长期过度操劳，造成免疫功能下降，邓锡铭罹患癌症，在上海华东医院不幸逝世，享年67岁。邓锡铭先生的逝世，是中国科学界的重大损失，是超快速激光光谱学国家重点实验的重大损失，他对中国科学界的贡献将载入共和国史册。星辰陨落，天妒英才，当噩耗传来，正在住院的科学泰斗王淦昌，悲痛不已，老泪纵横。

星光闪烁的银河，既是生命的写实，又是精神的象征。在这个诗化的名词里，指向的却是冰冷的墓地，在这块远离科研的墓地上，邓锡铭的灵魂呈现出一种飞翔的姿态，那个独特的球状激光器模型，像一声世纪的宣言，成为一个院士的生命写照。他与中国第一台红宝石激光器是不可更改的事实，镌刻在历史的天空。

引　子

　　光是神奇的，也是温暖的，它是生命的起源。所以，"上帝说要有光，于是就有了光"。这句出自《旧约·创世纪》中的话像一道咒语，为世界顿开迷雾，使人类穿越黑暗，让万物抵达光明。

　　一个制造神光的人，他的目光是明亮的，情感是炽热的，胸襟是宽广的，因为光象征着真理、象征着良善。

　　普照的光是希望的开始，是正义的化身，所以从神话到现实、从上帝到凡人，都把光视为生存的不二法门。如果这个世界一旦失去光的爱抚，万物就将枯萎，种群就会灭绝。光是生命之源、真理之源、喜乐之源。因此，上帝在创造世界的七天里，第一天就创造了光。

　　神赐的光，天意一样，无法言说，它藏匿了无数的谜底，象征着无限可能。任何人都离不开光的照耀，光的降临就是生命的降临。造物之神给生灵赐予一件法宝，那就是光学器官——眼睛。在人的大脑中大约有80%的知识和记忆都是通过眼睛获取。读书识字、工作生活、辨识世界、欣赏美景等都要用到眼睛。眼睛是动物的导航仪，它通过不同的光线将物理形象转变成神经信号，传送给大脑，维持我们正常的运行。所以说，每一个健康的生命都需要一双眼睛，每一双眼睛都迸发着光芒。生命与光发生着密不可分的联系，从某种意义上说，光在这个世界中几乎主宰了一切。

英国最负盛名的风光摄影师乔·科尼什是捕光的高手，他对光有一种与众不同的感悟。他的论著《光线第一》是由著名风光摄影家查理·韦特撰写序言，序言中有如下的描述：

"我们有很多种方式，表达外物投射于我们生命之上的镜像；也有很多种可能，让我们被各种可以用概念定义的情绪统治。第一次阅读圣经是在许多年前，而今天，所有的字句都可以模糊了，唯有一句话像不朽的印记，历久弥新，刻痕在我的印象里。

那是我对光线最初的震惊之感，它来源于一句很具创物意味的话：上帝说要有光，于是就有了光。

这话简洁得有点奇怪，但开启了我对光线的全新观念。

《光线第一》这本书，很适合在正午时分阅读，让我们重新去感觉刚逝去的清晨与炽热阳光后接踵而至的薄暮。千万年的光曾塑造过无数神话，每个人的神话都有不同的讲述方式……"

摄影是光的作用，一闪即逝的光将瞬间变成永恒。

光产生了神话，神话点亮了光。有媒体排列过20世纪十项重大发明，其中有一项叫"致命的激光"。很早就有人设想制造激光，但这一梦想很长时间都停留在科幻小说里，通过众多科学家的追索与努力，直至20世纪60年代才将梦想变为现实。

1960年1月18日，一束特殊的光亮在西半球北部穿透夜空，美国加利福尼亚休斯研究室的西奥多·梅曼成功研制出世界上第一台红宝石激光器。这是一次世界性的科技突破，从那一刻开始，一种比太阳还要亮千亿倍的光——激光宣告诞生。

由此，激光器的诞生成为20世纪科学技术中的一项重大发明，它使人们终于有能力驾驭尺度极小、数量极大、运动极混乱的分子和原子的发光过程，从而获得产生、放大相干的红外线、可见光线和紫外线（以至X射线和γ射线）的能力。

激光科学技术的兴起，开启了一个里程碑式的技术时代，人类对光的认识和利用达到了一个崭新的高度。由于激光器具备的种种突出特点，这一技术很快被运用于工业、农业、精密测量和探测、通讯与信息处理、医疗、军事等方面，并在这些领域引起了革命性的突破。

激光在农业和生物技术方面的应用，与人类基本生活需要的吃、穿息息相关。激光器发明后，很快被科学家应用到农业生产上来。利用激光照射，可诱发农作物的突变和遗传变异，改变农作物品种，使品质变优，产量提高。

在工业方面，将激光聚焦到钢刀上，只需几毫秒钟刀片就被洞穿。看到激光有如此巨大的威力，它的诞生就如冷兵器时代的刀剑，注定与战争结缘。从民用到军用，从工业到国防，一些科技强国争先恐后，你追我赶，抓紧对激光的开发和利用。在科技霸权的时代，都希望这道横空出世的神光能发挥镇守乾坤的作用。

作为非专业的普通民众，我们对激光最初的认识是从科幻电影开始的。但凡科幻作品中的动作武器，多与激光有关：这种致命的激光，不需要时像手电筒一样装进口袋，需要时拧一下开关，神光便直射而出。那是一种威力巨大的光，它可以吹毛断发，削铁如泥，就像《星战前传》中描述的那样。绝地武士逃亡途中受到敌方激光炮的攻击，激光炮发出脉冲式的激光炮弹，所到之处生灵涂炭、山崩地裂、一片废墟……

创作此书时，查阅了大量资料，我们对激光有了最基本的认识，原来科幻作品对激光的威力的描述，并非夸大其词的幻想，而是客观的记录和呈现。激光武器具有强大的杀伤力和破坏性，如烧蚀效应、微波效应、辐射效应等。激光干扰武器，可以迷惑和干扰敌方，比如用激光照射敌方导弹、炸弹引信或敌方光电侦察、通信、指挥、控制装置，使其过早引爆或使其系统瘫痪，功能失效。

激光致盲武器，使敌方人员眼睛受损，使敌方光学系统、光电传感器遭到破坏。

激光防空武器，使用高能激光，用于摧毁敌方导弹、卫星、飞机等大型目标。

激光雷达、激光通信、激光制导是继雷达、红外制导之后精准度最高的制导技术。它抗干扰能力强，能主动进攻，能极大提高武器命中的精准度。

1978年，我国科幻作家童恩正创作了代表作《珊瑚岛上的死光》，作品扣人心弦的描述，让读者感受到了激光的神奇。

"在强力电流的作用下，激光器射出的红光更加亮得刺目。它像一柄复仇的利剑，划破了寂寥的夜空。

远处的海面上，军舰开始启旋航行，它的身影逐渐消失在水面的雾气中，可是这致命的光束已经在后面追逐着它，它是无法逃脱毁灭的命运了。

激光第一次扫射，就把礁湖边上的一排椰子树齐腰斩断，它们哗然一声断裂下来。第二次扫射时，马太的手颤抖了一下，光束接触了海面，于是海水爆裂着，一大片蒸汽翻腾而起，遮蔽了月光。最后，马太终于把光束对准了军舰，我先看见光芒一闪，接着就是一声剧烈的爆破，军舰在浓烟和火焰的包围中下沉了……"

30多年过去，这些经典的描写仍留存于大脑中，重读《珊瑚岛上的死光》，终于理解了作者的良苦用心。童恩正让死光成为一种科学隐喻、一种艺术象征。如果激光没有正义去主宰，这种光就会沦为杀人的武器，那充其量只是助纣为虐的魔光，人类丝毫感受不到激光的神奇和伟大。

从科幻电影中走来的激光，内涵日益丰富，它的作用也在不断凸显。激光焊接、激光切割、激光打孔、激光淬火、激光热处理、激光打标、激光微雕、激光光刻、激光制膜、激光薄膜加工、激光封装、激光修复电路、激光制线技术、激光清洗技术、激光打印、激光照排、激光眼科、激光牙科、激光微创手术……这些民用激光技术的发明应用，使世界发生了本质性变化，那些曾经不可能做到的事情变成了可能。

1975年9月，日本东京一家街道小厂经过无数次的失败终于把激光手术刀研制成功。之前人们对激光手术刀的作用并不了解，当利用激光手术刀为一名小女孩成功切除脑内恶性肿瘤时，人们惊呆了。这种难度极大、风险极高的开颅手术，在激光手术刀的操作下，肿瘤被一点点切除，切开的血管瞬间就能愈合，没有出现大出血现象。手术结束后半小时，病人就可以清楚说话。

因为有了这项重大发明，一家惨淡经营的街道小厂在艰难中取得了成功。很快激光手术刀进入了世界各大医院，经过不断优化改进，功能日趋完美。目前激光手术刀已经广泛应用于眼科、耳鼻喉科、妇科、骨科等。它解除了困扰人类的医学难题，减轻了病人的痛苦，造福了人类。

大激光运用到通讯上同样神奇，光纤通讯技术让一根头发丝大小的光纤，能同时容纳上万人通话，"天涯若比邻"的神话成为现实。

作为中国古代四大发明之一的印刷术，最终却成为制约我们自己的瓶颈。由于国外印刷技术的飞速发展，汉字照排系统遇到了技术难题。此时王选敏锐地意识到国家汉字信息处理系统工程中"汉字精密照排系统"的研究成功引起中国报业和出版印刷业的深刻革命，项目的巨大价值和技术难度激发了他攀登科技高峰的豪情，他毅然决定用数字存储方式，跳过当时日本流行的第二代机械式照排机和欧美流行的第三代阴极射线管照排机，直接研制国外尚无商品的第四代激光照排系统，发明了高分辨率字形的信息压缩、高速还原和输出方法等世界领先技术，成为汉字激光照排系统的技术核心。1979年，他主持成功研制汉字激光照排系统的主体工程，从激光照排机上输出了一张八开报纸底片。1981年后，他主持研制成功的汉字激光照排系统、方正彩色出版系统相继推出并得到大规模应用，实现了中国出版印刷行业"告别铅与火，迎来光与电"的技术革命，成为中国自主创新和利用高新技术改造传统行业的杰出典范。

激光，一种不能轻视的科技资源，从问世那一刻起就推动着时代发展和技术进步。作为一个专业之外的文学作者，我们在此耗费大量笔墨，对激光进行渲染铺垫，目的就是想让读者知道隐藏在激光背后的人物和故事。相信大多数人对我国激光科研发明的历程知之甚少，更不知道东莞桥头邓屋古村与中国激光科技的血脉渊源。

虽然这台激光器比梅曼研制的晚了一年多，但在许多方面更有优势和特色，与国外激光器相比，在激发方式上有更好的激发效率。在综合性能上更具优势，表明我国激光技术在20世纪60年代初就已达到世界先进水平。

为了提高激光器的功率，邓锡铭与同事们一起，反复实验，刻苦攻关，研发激光开关技术。当时国际同行都往这方面较劲，谁也不愿落人之后，都想在激光科技领域抢占制高点，争得主动位置。1961年年底，邓锡铭几乎与国外同时提出，高功率激光Q开关原理，使我国的激光研究水平再度飞跃，让一些曾经轻视我国科研能力的欧美同行刮目相看。

发明Q开关后，邓锡铭想把这一科学原理形象生动地展示出来，以便培养更多的后备力量。在国内讲学时，他曾幽默地将Q开关比喻成抽水马桶。他说："Q开关好比一个稍有漏水的抽水马桶，当水箱被灌满之后，水箱底部的盖子快速揭开，水就一涌而出。"形象生动的比喻，让学生们醍醐灌顶。原来技术的突破常常只隔着一层窗户纸，虽然这层窗户纸看上去薄如蝉翼，但是如果没有独到的思维、没有超强的毅力，有可能一辈子也无法捅破，最终无缘望见辽阔的世界，目睹绝世的风景。

1963年，上级又一次委以重任，由邓锡铭主持研发了我国第一台氦-氖激光器。那段时间他的研发灵感有如神助，进展神速，短短三年时间，他就获取三项巨大成就，释放出令人吃惊的科研能力。年轻有为的邓锡铭爆发出井喷式的智慧光华，奠定了他一生的科研高峰，让同行为之叹服。

1964年年初，邓锡铭被评为中国科学院优秀科技工作者，并亲自带着长春光学精密机械研究所研制的八大件光学精密仪器，到北京向党中央汇报。

在北京受到了周恩来总理的亲切接见。1964年5月，34岁的邓锡铭受中国科学院之命，负责筹建由他提议的我国第一个激光技术专业研究所——上海光学精密机械研究所，同时担任副所长。这一年，风华正茂的邓锡铭带领年轻的团队做出的钕玻璃激光器功率达到了108瓦，当时在国际上属于领先水平。同年12月，王淦昌、邓锡铭两个年龄相差23岁的科学家在北京第一次握手，从此开启了长达33年的精诚合作和友谊之路。

科学家与艺术家一样，具有激情飞扬的时候。在科研探索中，许多奇思妙想都在灵光一闪中出现。当时王淦昌受核能启发，产生联想，如果把激光技术与核物理结合起来，一定会有某种有趣的现象发生。后来他提出用激光轰击氘冰产生中子的想法，果然取得成果。正因为他这种天才式的灵光一闪，才引出了"激光惯性约束核聚变"这一重要的研究方向和重大发明。有人曾作过一种假说，如果后来不发生"十年浩劫"，如果邓锡铭院士不过早离世，在核聚变研究领域有可能拿下诺贝尔物理奖。尽管这只是一种假说，但是一项造福人类、推动世界发展的研究完全有这样的可能。

什么是激光惯性约束核聚变？中国有一部最叫好又叫座的科教片，片名为《宇宙与人》，影片中讲述了一段关于我国约束核聚变的研究过程。画面从著名的乐山大佛开始："乐山一尊唐代大佛，那个一改休闲装束而神态庄严的弥勒佛。按佛经的解释，它被赋予主管光明和未来。巧合的是，就在它视线的前方，一座中国的核动力研究院正在研究未来能源——核聚变。这里需要解决的难题是如何约束温度极高的核反应。由于地球上任何物质都不能承受热核反应所需要的1000万摄氏度以上的高温，于是人们试验用能量约束能量，用强磁场来悬浮聚变的核能。目前，'核老虎'的笼子正在和'老虎'较量，这些复杂的管道，也许不用多久就会编织出人类最辉煌的梦想。这一天也许真的不远了。"

片中的解说词让人充满期待，核能是最高效、最强大的力量。燃烧木柴取暖、点燃瓦斯做饭，利用的都是物质燃烧释放的化学能。如果从原子角度来看，燃烧之前的原子和燃烧之后的原子质量没有任何变化。而核能则不同，如果四个氢原子聚变成一个氦原子，就会损失千分之七的质量。别小看这区区的千分之七，如果将一千克的氢原子作核聚变损失掉千分之七的质量，释放的能量足以毁灭一座城市。这就是氢弹。

太阳就是利用内部源源不断的核聚变发出光和热，为地球提供一切能量。与核裂变相比，核聚变高效、清洁、没有辐射污染，而且聚变的原料可以说是取之不尽、用之不竭。在海水中每6500个氢原子中就有一个氘原子，在地球上大约含有1013吨的氘。在海水中可以提取氘和氚，而地球70%都被海洋覆盖，这个资源有多么丰富！人类的智慧已经能够控制核裂变，比如核电站就是利用浓缩铀的裂变来发电的；但是目前人类只能破坏性地利用核聚变的能量。如果能有效、安全地控制核聚变，那么人类就在地球上为自己制造了一个太阳！这种发明太有诱惑力了，它一旦成功，困扰人类的煤炭、石油、电力、污染等能源危机都将迎刃而解！

如何才能安全地控制核聚变？这可以说是世界各国核研

究所以及所有顶尖大学实验室的终极目标。（王颖、唐南：《激光的前世今生》，重庆大学出版社2009年版）

　　我国激光惯性约束聚变的研究起步较早，在20世纪60年代即已进行用激光打氘冰靶出中子实验，以后主要在增大激光的能量和提高光束品质方面努力。可是正当激光科技日新月异、快速发展的时候，史无前例的"十年动乱"开始了。邓锡铭等一批科学家被解除职务，剥夺了工作和科研的权利，惨遭迫害和打击。邓锡铭离开科研岗位后，遭受了非人的折磨，经过无数次的游行批斗，最后关进了嘉定看守所……

　　岁月蹉跎，直至20世纪70年代末，才开始重启计划，恢复科研。在邓锡铭等一批技术骨干的努力下，1985年"神光－Ⅰ"装置终于问世，之后"神光－Ⅱ"装置相继启动。可是就在项目进入关键时刻，邓锡铭不幸罹患癌症，轰然倒下。

　　这位催生过"863"计划、组建了上海光学精密机械研究所的激光专家骤然离世，这是中国科学界特别是激光学界不可弥补的重大损失。课题组成员心情悲痛，感觉顶梁柱坍塌，失去依靠，课题进展受到了影响。

　　亲朋好友从四面八方赶来吊唁，邓先生走了，他为科学献身的精神成为一种无形的动力，激励着团队的每一个成员。

　　他一生为激光操劳，为科研忙碌，没有片刻的停顿。他的身影像一颗流星，倏然划过天幕，消失在远方。但他所迸发的光亮、擦出的轨迹永不消失，像导航的北斗给人指引。

科技是一次没有终点的旅行，它永远朝着前方，向着未来。追寻在前辈用生命和汗水开创的天地里，梦想有多大，目标就有多远。在邓锡铭心里，激光从问世之日起就成为一道神光，它超越了人类的梦想，开启了一个崭新的技术时代。

2014年6月，中共东莞市委宣传部组织本地文史专家编撰出版了《影响中国的东莞人》一书，在这本新近出版的地方文献中，邓锡铭作为激光科学事业的导师，名列其中，在他离世17年后，家乡人民用这种特殊的方式给他立传。在追逐神光的征程上，他带着未竟的事业离去，但他深信，在未来的发展中，在科研团队的共同努力下，我国的激光科研事业一定能抵达世界的前沿，迎来更加辉煌灿烂的明天，成为引领科学的航标灯塔。

从宗教信仰中的上帝创造光明，穿越黑暗，到人类科学实践中证明光学，找到开启未来的钥匙，这是一个创世纪的伟大发明，是人类超越地球翱翔太空的翅膀。在这场漫长的科学演变中，全能的上帝见证了人类科学精英们的发现与创造。邓锡铭是我国激光事业的奠基者、开拓者、实践者，更是人类证明光的存在和掌握光能量的先驱。从科学的意义上来说，邓锡铭和王淦昌以及中国激光科研领域的杰出专家们，虽然不是万能的上帝，但他们都提供了创世纪的神力，他们创造的科学神话正在变成人类光芒四射的现实！

第一章　乡情，流水的记忆

祥云蒸腾的故土

2008年9月27日16时41分0秒，这是一个注定要载入中国航天史册的时刻，航天员翟志刚打开"神舟"七号载人飞船轨道舱门，首度实施太空行走。那潇洒的太空舞步，成为现实中的神话，圆就了中华民族的千古一梦，让人浮想联翩，夜不能寐。这是一个激动人心的时刻，茫茫太空第一次留下了中国人的足迹。

尽管翟志刚在太空行走的过程非常短暂，从打开舱门到回位关闭舱门，只有19分钟35秒钟，但是这个短暂的过程却凝聚了多少代人的汗水和智慧，寄托了多少代人的追求与梦想！当亿万炎黄子孙欢欣鼓舞的时刻，那些立下了汗马功劳的功臣却退到了幕后。为了完成这种宏大的综合工程，有多少人在牺牲付出，有多少人在挥洒汗水，我们无从统计。在强国之路上，每一项浩大工程的背后，必定演绎着不少感人的故事，必定掩藏着许多默默无闻的英雄。

"神舟"七号成功发射，标志着中国太空探索的最新成就，也是我国多项科技成果的集中展示，其中就包括激光技术的应用。"神舟"七号飞船使用了激光焊接技术进行壳体焊接以及宇航员出舱服的精密焊接。由于激光有着无法替代的特殊性，采用激光焊接具有强度高、密闭性好的优点，加工的零部件可以在十分恶劣的环境条件下正常使用。"神舟"七号正因为拥有这项技术的有力支持，使翟志刚的太空漫步有了可靠的安全保障。

激光，那是一束穿越世纪的科技神光，在中国激光科技史上，永远无法绕开一个东莞人，他就是中华"神光"的缔造者，中国科学院院士，光学、激光专家——邓锡铭。1961年，他带领科研人员成功研制出我国第一台红宝石激光器，当那道炫目的神光穿越世纪夜空时，中华科技的年谱上永远镌刻着邓锡铭这个名字。邓锡铭以卓越的才能、独到的发现成为我国高功率激光和激光聚变事业的开拓者和领头人。

在新旧交替的节点上，我们必须借助文字来寻找故事的入口，在客观的叙述中，对历史做一次回望。我眼前是一幢建在清朝尾巴上的老屋，老屋的每一块砖瓦，都像支棱的耳朵，隐隐约约地听见了民国的声音。这幢房屋并不华丽，但门庭上却遗留着前朝的时光，它的用材、规模、结构，掩埋在村庄的深处，毫不起眼。100年之后，我们却发现了它的与众不同。在所有房屋大门上方的壁画中，邓氏祖屋是唯一摒弃福禄寿这一趋同主题而用天空和祥云作衬托的建筑。没有任何人能够看出这幅简单壁画的寓意，即使是号称半仙的占卜者，也无法参透蓝天白云与这幢房

邓锡铭祖屋门檐雕花木匾及壁画 刘克平 摄

屋的玄机。

那个时候，邓锡铭刚满八岁。这个八岁的男孩，在鞭炮的喜庆中奔跑，他不时停下脚步，望着门楣上那幅蓝天与祥云的壁画出神。这个时候没有人能预料到这幅壁画与这个男孩未来人生的关联。直到数十年后，这个名叫邓锡铭的孩子成为激光科学家，将他的梦想送上了浩瀚的蓝天。由此这幅带着象征意味的壁画，也就成了邓锡铭人生的暗示和隐喻，在战火离乱的岁月中，迸发出一个少年的青云之志。

色彩是延续记忆的链条，烽火连天，那是血与火的颜色。1938年10月，广州的太阳像失血的身体，白如纸片。这一年华南战争爆发，9月7日，日军大本营在御前会议上做出进攻华南的决定，国民政府却错误地判断：日军不敢轻易进犯广州。因此，当武汉会战开始后，第四战区又调四个师北上支援武汉，广州地区防守更加空虚，日军乘虚而入。21日，广州失陷，22日，日军攻占广州市政府，惨遭劫难的广州城，尸横遍地，火光冲天，数天数夜未曾熄灭……

那场大火一直在孩子心中燃烧，直至烧成了一堆灰烬。沦陷的前夜，星光黯淡，邓锡铭随家人匆忙之中撤离了广州。幼小的邓锡铭，还是个牵衣相问的稚子，他不明白慌乱的城市究竟发生了什么，还不能理解国破家亡的疼痛和悲伤。

守军余汉谋部弃城而走，日军未至，不战而逃。老百姓在悲愤绝望中争相逃命，城内鬼哭狼嚎，一片慌乱。

那是一个让人永生难忘的夜晚，邓锡铭随家人裹挟在逃难的汪洋之中。前方是无边的暗夜，身旁是如雷的脚步，大街小巷在狂乱的奔跑中开始颤抖痉挛。

多少年过去，逃难的市民回忆那段往事时，还是那样锥心刺骨，难以忘怀。满脸哀戚的城市，深埋着哭丧的脸庞，市民如惊弓之鸟，往城外奔逃。那些漂浮在暗夜深处的目光，像枯井一样，闪烁着悲愤的寒光。

邓锡铭随家人逃往城外，时而水路，时而陆路，迂回往复，辗转多地，奔波了将近十天才抵达香港。为了一家大小的生计，邓锡铭父亲邓盛仪在香港创办了一间五金厂，生产钢钉和钢窗。经过两年多的努力，工厂刚刚有些起色，疯狂的日军又将魔爪伸进了香港。

香港沦陷后，日本侵略者为了巩固自己的阵地，早日实现他们的侵略野心，开始暴力征用我方技术人员。当时日寇通过一些认贼作父的汉奸、伪军，收集到不少秘密情报。哪些人对他们有危害，哪些人有利用价值，他们掌握得一清二楚。很快就有人按图索骥，找到了邓盛仪，要求他为日军效力。邓盛仪是有血性、有气节的知识分子，岂能俯首事敌，与日寇为伍，那简直是奇耻大辱！

邓盛仪对敌人的邀约断然拒绝，狂妄的日军恼羞成怒，感觉邓盛仪不识抬举，敬酒不吃吃罚酒，于是准备对他采取更强硬的措施。

那段时间，邓盛仪的处境非常危险，当时有些归国科研人员被日军强行掳去，后来便下落不明。对这样的恐吓，邓盛仪并不惧怕，但是为了家人的安全，自己还是不能意气用事，邓盛仪反复权衡之后，决定放弃香港的产业，另谋生计。

家仇国恨，一切都只能压抑在心里，当时没有别的选择，匆忙之中一家老小开始步行逃难。一路上经历了无数的惊险场面，好在每次都能化险为夷，侥幸脱身。五天五夜的奔逃，终于回到了故乡东莞，回到了桥头邓屋。

兵荒马乱的年代，逃难途中谁也没有心情停下来欣赏眼前的田园风光。饿了啃两口冷硬的干粮，累了在路旁的茅草上打个盹。不远处的东江像一把浑黄的卷尺，蜿蜒在他们身旁。逃亡的步履总是沉重的，他们一脸倦容，目光散乱，贴着山水的边缘，丈量着回乡的距离。

敌机不时在天空盘旋，发出刺耳的尖叫，给逃难者带来莫大的恐慌。那衣衫不整的孩子，像只受伤的小鹿依偎在母亲怀里。本该清水般洁净的眸子，在饥饿煎熬、战火纷飞的逃亡中，储满了旷世忧伤。稚嫩的生命早已镀上了苍凉的底色，那些漫无目的、无家可归的逃亡者，已经一无所有，有些惨遭不测的难民，尸横荒野，把命也丢在路上。相比之下，邓锡铭一家算是幸运的了，逃离香港后，他们至少还有安放自己的祖屋，还能找到疗伤的温床。

十来岁的少年，还没有真正理解故乡的含义，邓屋只是一个虚拟的符号，它是父亲时常念叨的一个地名。直至到了逃难途中，他才明白，除广州龙福路这个家之外，离他们200里之遥的东江上游，还有一个被称作故乡的地方，那里才是一个家族血脉的源头，才是生命开篇的地方。

走进古村，邓锡铭不由放慢了脚步。眼望翘角飞檐的屋宇，脚踩麻石铺设的巷道，他看见古村的门楼屋宇，不由想起在广州见过的西关大屋，一种故地重游的感觉瞬间弥漫开来。再看看父亲，一路上拧紧的眉头已经慢慢舒展，僵硬的脸庞开始松弛。故乡如一汪凉爽的清泉，濯洗着他疲惫的身心，回家，不管在哪个时代，都是一个幸福温暖的词语。

这是一次没有约定的回乡，就像一只逆行的风筝，在天空中飘了一圈，然后又落回地面，等待再次飞翔。

悠长的乡道，连着两个端点，父子俩在端点间寻找着生命的根脉，从此，邓锡铭永远记住了邓屋，记住了善宝学堂。在这个延续血脉、启蒙心智的地方，他结交了同堂的学子，记住了威严的先生。每天散学，孩子们都会绕村疯跑，邓锡铭却独喜安静，总是一人呆立一旁，很少过去凑那份热闹。

从小就喜欢探究奥妙的孩子，在一些看似寻常的事物中，能发现不同之处，找到事物背后的真相。多年之后邓锡铭仍在回忆，那次匆忙回乡，古村的厚重与繁复给他留下了难忘的印记。那个印记既不是东门水塘，也不是古井小巷，而是门庭上端的壁画。那壁画上的祥云瑞兽留存在邓锡铭心底，如同心灵的胎记永远无法抹去……

在邓屋，不管是时间久远的明清建筑，还是不太久远的民国建筑，几乎清一色绘有墙体彩画。遍察画面，或点染，或写意，用笔细腻，却又张力十足，既是唯美的，又是狂放的。无人知晓那种高妙的笔法出自何人之手，画面上不留姓氏，不落款号，没有只言片语，不见任何踪迹。这位民间画师是何等低调！与当下附庸风雅、行为放浪、自诩为大师泰斗的江湖人士相比，古人是如此超脱与淡泊。这些隐藏了创作者姓氏的壁画，带着对前朝的悼挽、对未来的打量，显得高深莫测，充满了暗示与寓意。静卧墙面，像冬闲的老牛，对隔年的草料慢慢反刍。

朱砂、雄黄、石青、石绿，调和成天然的颜料。这种用天然矿物颜料绘就的古建壁画，一直以来在民间流传，它以独特的形态与建筑相生相伴。经年累月，日晒风吹，始终姿颜不改，无论是瑞兽飞鸟，还是花卉人物，均传神逼真，呼之欲出，让人惊叹！

壁画是一种能与时光对抗的古老艺术，作为最原始的绘画形式，它已跨越时空国界，超越种族信仰，成为历史文化的滥觞。像敦煌壁画、古埃及壁画，无不视为世界性的艺术珍品，成为人类共存的文化瑰宝。

然而一幅壁画的意义还远不止于此。在邓屋所有的古建壁画中，福禄寿是一个趋同的通俗主题，它表达了一种大众化的愿望。但是在邓锡铭祖屋的门头上，那幅壁画却采用了魔幻现实主义的手法，表达了一种与众不同的指向。那画笔法空灵，构图奇妙，鳞片似的云朵，层层叠叠，铺满画面。成排的祥云相互勾连，彼此映衬，给人留下宏大的想象空间。

祥云是最具代表性的中华文化符号，作为吉祥如意的图景，以一种共性化的寄寓，根植于现实的土壤。在虚实之间，祥云的纹饰成为高雅的象征。

变幻莫测的云，是一种天意的语言，由此古人把云当成圣天造物，在神话故事里反复描摹。道法高深的仙人，来无影，去无踪，全都是飞天行地、脚踩祥云的形象。《西游记》里的齐天大圣更是腾云驾雾的高手，吴承恩借用缥缈若雾的云朵，营造了九天之上的仙境，那是艺术的升华和想象。

云是超现实的自然景观，因此，人们把云视为吉祥高升的信物。邓屋将云凝固在墙上，无疑是一种美好的梦想、一种浪漫的寄寓。

十来岁的邓锡铭，按常理说，还是个懵懂贪玩的儿童，然而他的言行举止却有了明显的成人化倾向。穿行在寻常巷陌间，他总爱琢磨一些小孩不爱琢磨的事情。比如门头上方那幅壁画，他每天都会仰望几次，那画里似乎藏着一个重大的秘密，等待他去发现。看他那样子像个早熟的哲人，站在墙下，一看就是小半天。没有人知道他究竟在画里看到了什么，或者想到了什么。不过老人们都记住了他静观古画的神情。

古村、祖屋、壁画、儿童，那是一组诗化的意象，定格于遥远的岁月，成为一个待解之谜。

在邓锡铭的人生之路上，祖屋观画犹如星相之术，成为开篇的引子。就如隐藏在时光深处的伏笔，只是这个伏笔埋藏得太过漫长，直至70年后的2008年9月27日才真相大白，找到答案。

"神舟"七号载人飞船成功发射的那一刻，一个埋藏在记忆深处的谜底终于被揭开，所有的秘密大白于天下。邓锡铭当年邓屋观画，深有寄寓，他用跨越时空的目光仰望星空，在历史的光芒中深情眺望。

邓锡铭虽然没有直接参与"两弹一星"和"神舟"七号飞船的研制，但在这一系列庞大的科研项目中，他以一个幕后英雄的身份给予了强有力的支持。溯本追源，那些自主研发的光学新技术：原子弹试验时激光测速、"神舟"飞船舱体激光焊接等，都与他的研究有着千丝万缕的联系。作为中国激光科技的开山祖师之一，为了发明研制这束照亮天空的神光，邓锡铭付出了毕生的心血乃至宝贵的生命。

70多年后，我们终于可以用文字来解读邓氏祖屋门头上方的壁画了。那团蒸腾的祥云，就是一个民族的飞天梦想，而追逐梦想的邓锡铭更像一朵柔和的白云，将自己的一生默默奉献给了蓝天。

1938—2008年，这是中华民族的一段艰难长旅。70年的岁月流转，其间有多少人生悲喜，命运起落！在民族的心灵史上，一条起伏不定的曲线，刻录着艰难崛起的过程。

回想炮火纷飞、列强欺凌的1938年，山河破碎，田园荒芜，那是中华的屈辱、民族的噩梦。而70年后的2008年，经过几代人的浴血奋战，顽强拼搏，中华民族终于走向了繁荣昌盛。这一年，北京奥运盛会、"神舟"七号成功飞天，邓锡铭如果在天堂有知，这一刻他一定会欣喜若狂，热泪盈眶！

激光，一个新生代的科技名词，在四五十年前，我们感觉它离现实非常遥远，对这束神光的描述，我们只在科幻小说中见过。这个由LASER意译而来的名词，在我国曾被译成"莱塞""光激射器""光受激辐射放大器"等。这些译名因生僻拗口，一直没有流传开来。1964年，钱学森先生提议取名为"激光"。这一命名恰到好处，既反映了"受激辐射"的科学内涵，又表明它是一种很强的新光源，贴切、传神而又充满诗意，于是激光一词很快就得到我国科学界的一致认同，并沿用至今。

四五十年过去，在岁月的流逝中，不仅是一个名词的转换，而且是一次技术的飞跃。在科技发展的快车道上，激光产品从空泛的名词中脱胎而出，扎根在现实土壤，很快飞进了寻常百姓的家庭。处在电子信息时代的人们，对激光一词已经司空见惯、毫不新奇了。从激光近视手术、激光打印到激光加工、激光武器、激光防伪，激光已经完全融入到我们的日常生活和工作当中，成为诸多领域的得力助手。

虽然人们对激光日益熟悉，但对我国激光技术的起步与发展还是知之甚少。更不了解这项造福后人的重大发明，与一个叫邓锡铭的东莞人有关。当然，作为发明创造的科学家，他们在探索科技奥妙，取得重大发明之时，从来就没有想到要让后来人记住自己，要让自己风光一世，青史留名，而是像一支蜡烛，在燃烧中发光。

家族记忆

邓屋，一个直呼其名的村落，在相同的血脉中浩荡流淌，在不变的基因中繁茂兴旺。

邓氏一路南迁，从南雄珠玑巷到东莞土桥，从土桥到邓屋，那是一个家族血脉的流向，其中所包含的意义并非简单的空间转换，而是时光深处家族繁衍的艰难印证。

邓屋古村的地形呈曲尺状，村前有一片水面，叫东门塘，村内有麻石路、古井、北门、南门、古民居、邓氏宗祠、书院、文帝庙、邓屋炮楼等古迹。

南雄珠玑巷门楼 刘克平 摄

南雄珠玑巷老街 刘克平 摄

古迹背后，邓氏宗祠像一卷绵长的历史画轴，在轻风中徐徐展开。宗祠是一个家族的精神象征，在民间具有不可替代的作用，在不同的历史时期，邓氏宗祠发挥着不同的功能。先后开办过善宝堂、善宝小学、宗族聚集厅、议事堂、村务管理和村民大会场所，同时还是接待外迁族裔回访的族堂、村民操办婚嫁喜宴的饭堂。不管用于学堂，还是会场，在邓氏后人心中，善宝堂蕴含着善良、和谐之意一直没有改变，祠堂永远是家族精神的圣地，是维系宗亲灵魂的处所。

建筑作为一门综合艺术，自古就有双重意义，它既是人心的物化，也是精神的外化。一个时代的建筑，往往体现这个时代的风气，在相互对比中，可以观察到丰富的时代信息和精神指向，所以，建筑除属于工程技术之外，还归类于艺术范畴。与现代都市的摩天大楼相比，这些古老的民居虽然身形矮小、装饰简朴，但矮小中不失沉稳，简朴中不乏内敛。结构精巧，天人合一，尤其是四水归堂的天井，体现着鲜明的民俗风情和文化特色。

站在古旧的匾额前，仰望遒劲的字迹，追怀远去的时光。那些碎片般的场景已难觅踪影，只有文字具有承载历史、续接未来的功能，让转瞬即逝的光阴在此完成千百次的回眸，使后人能看到前人的风骨与气度。

古村南门与桥头第四小学隔路相望，朗朗的书声伴着如水的阳光，弥漫在门楼巷道中。凝视着造型别致的门宇，让人想起神话中四大天王镇守的南天门。那个独享风光的地界看管森严，出入需有令牌，那些守门者虽然官位不高，但职卑位尊，竟以"元帅"之衔相称，他们手执伞、明珠、蛇、琵琶为宝物，守卫着南天门之安全。

邓锡铭祖屋　刘克平　摄

邓屋南门作为通村的入口，又称"坤元门"，这里曾经背靠祠堂，直抵书院，是村庄的文雅之地，房屋虽已古旧，但古风犹存，石门框上的红对联仍清晰可辨：

坤方远接沧浪水，元门高摘斗牛星。

对联体现了邓屋人超拔的胆识与十足的信心。邓屋村尊师重教，学风炽盛，人才辈出，后继有人，这是他们涵养根脉的法宝。

邓屋南门 刘克平 摄　　　　　　邓屋北门 刘克平 摄

　　邓锡铭家族是邓屋耕读持家的成功典范，土壤专家、铁路专家、激光专家、邮票设计专家……那一串闪光的名字在天空中闪耀。历史像东流逝水，沉淀着生命的精髓，冲去了无数浮华，村庄复归沉寂，门楼上精制的砖石维系着古村缓慢的节奏。岁月像一条蜿蜒而去的长河，昼夜奔腾，永不停息，在历史的涛声中，有一种烟云般朦胧的景象，在亦真亦幻中让生命开始重叠。踩着光影，走进邓屋，在古村的深处，每一个探访者都能获得一种奇特的心灵感应，在血脉的回声中感知一个家族的前世今生。

第二章　少年立志

科技，芝麻开门的神奇

在邓锡铭的记忆中，父亲是他人生中的第一位老师，从小耳濡目染，他在父亲身上看到了那一代知识分子谦恭自守的品格；风容卓绝、淡泊名利的气质。

一个人在事业上成功与否，与其心理素质、个性特征密切相关。从幼年开始，家庭对一个人的塑造就显得至关重要，有什么样的家庭，就能培养什么样的孩子；有什么样的孩子，就有什么样的未来。父母的一笑一颦、一举一动都在潜移默化之中，几乎是随风入夜、润物无声的状态。

邓锡铭出生在一个知识分子家庭，父亲名盛仪，字典初，在清末时考取庚子赔款留学美国，入读密歇根大学土木工程专业，与著名桥梁专家茅以升是同窗学友。母亲虽是普通家庭妇女，但相夫教子，尽心尽责；为人处世，颇通礼仪。

邓盛仪留学毕业后没有急着回国谋求职务，而是在欧洲进行了为期六年的公路桥梁建筑考察，回国立志为国家建设出力。他曾任广三铁路工程师、广西公路交通部门主管，其后在广州和香港创办制钉厂和钢窗厂。

世事更迭，时代的车轮一刻不停地向前飞奔，在这个不断清除存储、刷新记忆的年代，提起广三铁路，年轻人大多数一无所知。作为广东境内第一条铁路，同时也是中国第一条复线铁路，它留下了鲜明的时代印记。据《三水县志》记载：1898年，美商华美合兴公司在承修粤汉铁路时，发现广州至三水沿线地势平坦，物产丰富，是珠江三角洲地区典型的鱼米之乡，在这里修建铁路投资少，收益快，于是提出将广三铁路作为粤汉铁路支线并先修建的议案，得到了清政府的同意。

历史常有巧合，1898年，离1978年刚好80年，如果说上天注定珠江三角洲地区是改革开放的先行地，那么当年融资兴业的广三铁路则是开路的引子，成为一支隔世相传的序曲。1903年10月5日，耗资4000万美元的广三铁路全线竣工，时任两广总督岑春煊主持了盛大的通车典礼。

在生产力低下、交通条件落后的时期，一条铁路对一个地方的经济带动，就如一条贯通的主动脉，它的影响是空前的。广三铁路虽然距离不长，但意义深远，作用重大。沿途设置的石围塘站、小塘站、佛山站和三水河四个车站，铁路与火车摩擦的声响，像时代的呼喊，带着金属的尖利，覆盖了缓慢的农耕乡村，给人们留下无法抹去的记忆。

广三铁路贯通之后，它与西江、北江的水上航运实现对接，是当年通往粤西、粤北地区的主要通道。初期广三铁路以客运为主，平均日运送旅客超万人。据《中国铁路史》记载：广三铁路虽短，却是清末运输效益最佳的铁路。这条铁路穿越人烟稠密、生活富庶的珠江三角洲地区北部，把中国南方最大的港口城市广州、明清时期中国四大重镇之一的佛山与西江、北江、绥江三江交汇处的三水连接起来，货运业务辐射到珠海、中山等重要城市，运输业务终年繁忙。

对上一辈人的影响，广三铁路就如黑白电影的经典画面，一些老人回忆小时候父母大手牵小手，手提藤箱，跨过铁轨，追赶火车的一幕，恍若隔世。

横卧于杂草中的广三铁路

一个多世纪过去了，如今的广三铁路已成为时光的倒影。那条带着西洋文明、闪烁过火花的长长铁轨，像两根年代久远的龙骨，散落在荒野深处，锈迹斑斑。路基已沉陷，密集的蒿草掩盖了火车的喧闹。其实锈蚀的钢轨也带着满身遗憾，它们从起点到终点，翻山越岭，等距相伴，虽然之间只隔一根枕木，但咫尺天涯，终生不能相亲。就像恋人的两张嘴唇，在即将吻合的瞬间，骤然凝固，留下一条闪光的怨恨。

离广三铁路不远处，两条巨蟒似的钢轨闪烁着锃亮的光泽，它紧贴地面，直插远方。面对擦肩而过的高铁，两条固定的平行轨道，在时代的潮声中完成了登台谢幕的交接。这段全长5.25公里的铁路成为一个象征性的符号，成为一段凝固的历史。它穿越一个多世纪的沧桑岁月，完成了特定的历史使命，安详地仰卧在春天里，静静等候告别的时刻。

邓锡铭父亲邓典初留存哥哥邓植仪赠送的全家福合照

双手相牵的恋人倩影，追赶着前行的列车，木质的车站走廊镶进了黑白相框，这些浪漫的往事与广三铁路一同悄然退场。如今生活在珠江三角洲地区的人们，正在享受着快捷如风的出行速度，人们在风驰电掣的车轮上谈笑，但却很少有人能记起邓盛仪那一代奠基者的名字。前人栽树，后人乘凉，这几乎是一种不变的规律。

在某种重要领域，许多奠基者都是默默付出，不发声音，不留痕迹，所以在追溯往昔的时候，我们应该更多地去感恩和缅怀……

香港沦陷后，邓盛仪回家乡邓屋小住了几日，然后带着二子邓锡全、三子邓锡铭奔赴粤北山区。在哥哥邓植仪的帮助下，邓盛仪在中山大学土木工程系任教，儿子在附中就读。母亲带着幼小的弟妹留守在家乡邓屋，被战火分隔的一家老小，流散多处，互相牵挂。当时中山大学刚从云南澄江迁往坪石，抗战期间中大一直在颠沛流离中办学，师生在动荡不安的教学中饱受战乱之苦，他们深切地感受到弱国无尊严、弱国无外交的痛苦。

学生们听了邓盛仪慷慨激昂的演说，心里更加紧迫起来，落后必将挨打，不奋发图强就将亡国灭种。从个人角度来说，邓盛仪虽然是庚子赔款的受益者，但从国家民族的高度去看，那无疑是灾难和国耻。八国联军颠倒黑白的野蛮行径，让清政府签下了丧权辱国的《辛丑条约》，这在人类历史上是绝无仅有的强盗逻辑。一个伤痕累累、惨遭凌辱的国家，被烧杀抢掠之后反过来还要给侵略者赔偿战争"损失费"，真是荒谬至极，天理难容。

1908年5月25日，美国国会通过罗斯福的咨文，同年7月11日，美国驻华公使柔克义向中国政府正式声明，将美国所得庚子赔款的半数退还给中国，作为资助留美学生之用。

美国当时为何会力主利用退赔的庚子赔款办学，这真的是良心发现吗？其实事件的背后隐藏着不为人知的政治目的。美国伊里诺大学校长詹姆士在1906年给罗斯福的一份备忘录中声称：

"哪一个国家能够做到教育这一代中国青年人，哪一个国家就能由于这方面所支付的努力，而在精神和商业上的影响取回最大的收获。""商业追随精神上的支配，比追随军旗更为可靠。"因此他敦促美国政府采取措施，通过吸引中国留学生来造就一批为美国从知识和精神上支配中国的新领袖。

影响历史的事件常常诞生于偶然之间，偶然诞生的历史往往又能对后世产生重大影响。比如中国近代庚子赔款办学的出现，表面上看与八国联军侵华事件没有必然的联系。但历史的吊诡偏偏让这两件没有必然联系的事件连在了一起。

1908年10月28日，中美两国政府草拟了派遣留美学生规程：自退款的第一年起，清政府在最初的四年内，每年至少应派留美学生100人。如果到第四年就派足了400人，则自第五年起，每年至少要派50人赴美，直到退款用完为止。被派遣的学生，必须是"身体强壮，性情纯正，相貌完全，身家清白，恰当年龄"。同时要求中文程度须能作文及有文学和历史知识，英文程度能直接入美国大学和专门学校听讲，并规定他们之中，应有80%学习农业、机械工程、矿业、物理、化学、铁路工程、银行等，其余20%学习法律、政治、财经、师范等。

美国的教育计划可谓是用心良苦，考取庚子赔款留美的中国学生，在后来的几十年间成为中国学术界最闪亮的明星。这些明星通过他们的言传身教，深深地影响了后来者，引发了中国后来的社会变革。这些留学生中最突出的有胡适、竺可桢、钱学森、金岳霖、侯德榜、汤用彤、吴宓、陈省身、杨振宁等栋梁级大师。

那是一代有抱负、有气节的知识分子，他们像暗夜的星辰，照亮了世纪的天空。留美归来的邓盛仪，对当时的国际形势有了清醒的认识。落后就要挨打，愚昧就受欺凌，这是被历史反复证明的事实。封建统治者腐败无能、卖国求荣，助长了侵略者的嚣张气焰，阻碍了中国社会经济的发展。进入民国，军阀割据，战事不断，祸延百姓。透过动荡的政治背景，邓盛仪认为，振兴民族，强盛国家，必须发展经济，稳定社会，提高国民素质，注重现代教育。

在这种背景下，邓盛仪非常重视对子女的教育，抗战初期，几个儿子在广州和邓屋善宝学堂启蒙后，在香港入读培正小学和培正中学。培正中学是一所历史悠久的教会学校，1889年由一批热心浸信会的华人基督徒在广州创办，其后在香港及澳门设立分校。该校的教学方式松严有度、活泼开放，充分尊重孩子的爱好和天性。学校使用美国教材教学，采用封闭式管理，这是一种与传统私塾学馆完全不同的教学方法，在这种环境中邓锡铭自由成长，快乐学习。在培正中学邓锡铭打下了良好的英文基础，培养了独立生活的能力。这些看以细小的经历，其实都是日后成功的关键。

对一个富于想象的孩子来说，有怎样的环境就将有怎样的未来。课堂上一些有趣的问题激发了学生的思维，邓锡铭在课堂上因一个知识点的引发,脑海里时常会蹦出一连串奇思妙想，埋藏在少年内心的智慧火花就在这种不经意间被点燃擦亮。

　　如果要追溯一个人的精神发育史，首先应该分析这个人的阅读史。一个人的胸怀、境界和抱负，与阅读密切相关。当邓锡铭看了《少年爱迪生》和《伟人爱迪生》这两部电影后，对发明创造已经梦驰神往。多年之后邓锡铭曾深情地说，小时候就是这两部电影把他引上了科技之路。

　　少年时期的记忆像心灵的投影，成为邓锡铭人生的底色。爱迪生七岁时开始上学，当时学校课程设置十分呆板，老师经常搞体罚。幼小的爱迪生对此十分不满意，他感觉老师的课讲得枯燥无味，引不起他任何兴趣。自然，爱迪生的功课也就学得非常糟糕，可他脑子里却装着很多稀奇古怪的问题。同学们都说他笨，肉眼凡胎的老师根本看不出大智若愚的天机，认为爱迪生是个低能儿。在学校学习不到三个月，他就被迫退学，这是他一生所受到的唯一正规教育。

　　面对儿子的表现，母亲没有责备，她亲自来承担教师的责任，教爱迪生读书、写字，不厌其烦地解答他所提出的各式各样的问题。有一次，母亲给他买了本《自然读本》，他立即被书上介绍的小实验迷住了。他在家里搞起了小实验室，把零花钱都用在购买实验用品上，一有空就做实验。母亲没有责备儿子，而是投来欣赏的目光。

　　11岁那年，爱迪生到火车上当了报童，在得到列车长的允许之后，他在行李车的一个角落里，布置了一个简单的小实验室。一次，火车的震动把一瓶黄磷震翻在地，引发了明火，火舌向行李堆舔去。爱迪生急忙脱下衣服，一边扑打，一边拼命呼喊:"救火啊!救火!"大家闻声赶来,把火及时扑灭了。列车长看见后勃然大怒,狠狠地打了爱迪生一记耳光,并把他的实验用品统统扔出了车外。列车长下手凶狠,"嗡"的一声,爱迪生的右耳就被列车长那一掌给打聋了。

后来,爱迪生当了一名夜班报务员。一天清晨三四点钟,他下班扛起白天从旧书店买来的几十本书赶回住处。夜深人静,巡逻的警察远远看见他,疑心是个小偷,就大声喊他站住!因为耳聋,听不见警察的喊叫,他仍然急急忙忙地赶路,警察以为他想逃跑,赶忙举枪射击。当呼啸的子弹擦着耳边飞过,爱迪生才停住脚步。警察追上来,一问才知道是个聋子,打开他肩上的包,原来扛的全是旧书。这时警察不觉抽了一口凉气,对他说:"算你有运气,如果我的枪法没那么臭,那你就白送了自家性命!"

后来只上过三个月小学的爱迪生成为举世闻名的发明家,被誉为"世界发明大王"。他一生有1000多项发明,除电灯、电话、电报、电影、留声机这些家喻户晓的重大发明之外,同时在矿业、建筑业、化工等领域也具有显著的创造和真知灼见。他的发明改变了传统的生活方式,为人类的文明和社会进步做出了巨大贡献。

成功从梦想开始,而梦想照亮未来。有了爱迪生这个偶像,邓锡铭的学习有了动力,人生有了目标。上小学四五年级时,他立志要学习物理,将来做一个爱迪生那样的发明家。

少年时期的邓锡铭

　　十来岁的少年，正是异想天开、满心好奇的时期。许多有趣的设想都是这段时期萌生。他从科普读物中读到了摩擦生电的原理，于是自己动手做了一个铜丝刷子，放在香烟铁罐内转动，企图发电将小电灯泡点亮，可惜这次实验没有成功。

　　过了两年，邓锡铭又有了新的想法。这一次他没有再做发电的实验，而是利用金鱼缸来改造虹吸管。邓锡铭猜想，只要虹吸管的入水口做得足够大，出水口又足够小，就可以依靠虹吸原理把水从低位抬到高位。可结果还是未能如愿，邓锡铭的实验再次失败。

　　虽然接二连三的实验都没有成功，但邓锡铭没有气馁，虽然有过迷茫，但他始终没有放弃。不仅没有放弃，还更努力地去接近那些看似远在天边的理想目标。邓锡铭能有这般定力，源于他在阅读中做好了心理准备，那些中外科学家的励志故事无不是讲述了每个人的艰难曲折，他们在成功之前全都遭受过无数次的失败和打击。诺贝尔为发明新型炸药，把亲人炸死，将自己多次炸伤，最终才获得成功。不经历风雨，怎么可能见到彩虹。

从小学到初中，邓锡铭一直在琢磨，他很想知道，爱迪生一辈子搞了那么多发明，他的灵感从何而来？有一天，他看到一位白发苍苍的老人弓着身子，往坡道上蹬着自行车，后面载着一包稻谷，每蹬一步都显得非常吃力。邓锡铭从这件事上产生了联想，他设想，如果能在自行车上安装几十个小发电机，那样自行车就获得了动力，可以轻松地向前行进，减少骑车人的劳累。

设想是美好的，可设想毕竟只是设想，它离现实还有很长的距离。画草图、买零件、搞安装，经过好一阵忙碌后，自行车没有出现预期的效果，实验再次宣告失败。由此看来，后来的成功者总是踩着前人的肩膀，现在电动车满大街跑，我想这与无数个邓锡铭式的发明家不无关系。

接连几次失败，让邓锡铭变得清醒起来了。对一个成长中的少年来说，这样的失败未必是一件坏事，至少不会让他飘飘然，反而会使他更冷静地思考。搞科研发明，并不是一件轻而易举、一挥而就的事情；仅凭一时的想象、兴趣还远远不够，只有打牢扎实的基础，掌握更多的科学知识，冲破各种艰难险阻，才能最终打开成功之门。

这个世界中，还有许多科学秘密等待着人们去破译。辛波斯卡说："万物静默如迷。"启蒙运动的前夜，天地一遍混沌，自然、天文、时间、空间，一无所知，这些未知的领域无不带着神秘的面具。通过一代又一代人的不断探究，当解开大自然神秘的外衣后，又一层更隐秘的内衣将秘密包裹。如"蝴蝶效应"、埃及金字塔的前世今身、神秘的马亚纳海沟、百慕大群岛，缥缈的内宇宙和外宇宙，这些都是待解的秘密，人类永远无法穷尽。

科学是打开万千秘密的钥匙，当有心人打开一道道神奇的魅力之门后，人们看到了一个更加奇妙的世界。

三岁看小，七岁看老，成大器者必有异象。从小就迷恋发明创造的邓锡铭，面对失败，没有泄气，表面看他好像比之前更沉默，但他的内心仍然憋着一股不服输的劲儿。这股劲儿奠定了他变革创新的志向，激发了一往无前的精神。在后来的科研之路上，他一直延续了这种风格和个性。

一个有抱负、有志向的人，从小就能看出一些端倪。时隔70多年，许多事情都被时光冲淡，唯有坚忍执着的品格、屡败屡战的个性，让后人深情回望，津津乐道。让我们从邓锡铭同辈亲人的记忆中，拼接出一幅远去的画面，重温那些鲜活的细节。

求索奥秘

2014年5月2日，是一个风和日丽的假期，这一天邓屋村显得特别热闹，虽然村内没有张灯结彩，但人们一大早就走出家门，来到古榕围绕的村口，等候一位阔别七十二载的游子归来。

这位回乡的游子不是别人，他就是邓锡铭先生的胞弟——邓锡清。当小车穿行车水马龙的深圳特区，朝邓屋飞奔而来的时候，车内苍老的游子有着难以形容的心情。一条走了70多年的思乡路，这一天总算看到了尽头。在邓屋村委会接待室，大家对面而坐，侃侃而谈。我们作为探访者，终于在邓屋见到了"乡音无改鬓毛衰"的邓老先生。

这是一次相约多时、期盼已久的采访，让人充满期待。邓锡清先生八岁离开邓屋，一直在外求学工作，天长日久，乡情在他心里蒸腾发酵，像一坛陈年老酒，每一滴思乡的泪水都飘散着故土的醇香。

在此之前，我们与邓先生虽未谋面，但在电话里已联系多次，算得上神交多时。因此，那天的见面没有半点陌生和拘谨，倒像久别重逢的老友，笑容满面，一见如故。

邓锡清出生于1935年7月，1957年毕业于中央美术学院油画系，师从吴作人先生，是我国著名邮票设计师。他先后设计了《万国邮政联盟成立一百周年》、《纪念国际劳动节九十周年》、《中国古代科学家》（第三组）、《刘少奇同志诞生八十五周年》、《工艺美术》、《民族乐器——拨弦乐器》、《中国共产主义青年团第十次全国代表大会》等邮票。其中《工艺美术》和《中国古代科学家》（第三组）分别评为新中国成立30周年最佳邮票和1980年最佳邮票。

七十载，那是一段悠长的岁月，踏上故土，再回首，乡情难以诉说。步入邓氏宗祠，八旬高龄的邓锡清，面对"善宝堂"三个鎏金大字，驻足凝视，久久仰望。岁月潮涌，往事如烟，眼前的一切让他百感交集。

站在一旁陪同的邓根喜老人，也沉浸在难以诉说的往事中。邓根喜老人还清楚地记得，两人同堂上学的经历，讲堂左侧第一个座位就是邓锡清的，邓根喜紧挨着邓锡清旁边。这个启蒙学馆是他们的福地，十几年后，两位同桌先后考入了高等院校，一个进入中央美术学院，一个考入华南农业大学。望着两位精神矍铄的老人，我感受到了腹有诗书气自华的神采，知识丰富了人的内涵。两位老人站在古老的乡道上，与那些生活潦倒、目不识丁的老人相比，他们身上多了一种卓尔不群的气质。

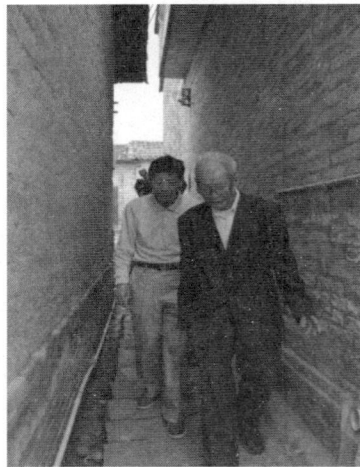

邓锡清、邓根喜两位相隔72年的同窗发小在宗祠前相逢　刘克平　摄

人生易老，一晃时隔七十二载，再相聚，已是容颜苍老，两鬓染霜。当年穿着开裆裤、拖着黄鼻涕的孩娃，转眼已是八旬老人。

两位耄耋老人挺着微微弯曲的腰身，像一道恬淡的风景，他们并肩而行，回忆往事。对身旁匆匆来去的年轻人来说，他们是邓屋成就的荣耀，更是活着的历史。

大家跟随在老人身后，边走边聊，音调绵软的粤语在小巷中传来沧桑的回音。老人不停感叹，前辈先祖，筚路蓝缕，开辟家园，那种生生不息的家族精神，已凝固成祠堂正厅的牌位。

进入前厅，老人的神情立刻庄重起来，他朝祖牌缓步而去，感觉牌位上方有无数双亲人的眼睛在不停转动。立于牌位前，他听到身上的血液在汩汩流淌。一个离乡的游子，这一刻真正明白了什么叫乡土、什么是血脉。

在族人的指引下，邓锡清点燃了一束猩红的香火，朝祖牌缓缓弯下腰身。一鞠躬、二鞠躬、三鞠躬。我们看到邓先生的手是颤抖的、眼睛是湿润的，他双手合拢，握拳抱香，把一炷缭绕的香火供向了牌位。

燃烧的纸钱在案前飘飞，像一群黑蝴蝶，飞向了岁月深处……

邓锡清与外甥在宗祠牌位前上香　刘克平　摄

供完香火，邓锡清睁开了微闭的眼睛，他的目光从低处往上，注视祠堂内久违的物件。物是人非的场景，让老人想起了许多陈年往事。那束抬高的香火，储满了他对先祖故人的追思与怀念。

上香仪式完毕，一行人列队而出。从祠堂左侧进入狭长的麻石巷道，直行百米，左转，再右转。穿过一个逼仄的拐角，一扇鲜红的铁门缓缓开启，让人感觉走进了纪录片里的长镜头。

巷道内游荡的轻风扑面而来，在梦里多次见过的祖屋，终于出现在眼前。那一刻，邓先生仿佛回到了遥远的童年，见到了爷爷、奶奶，见到父亲、母亲，见到许多叫不出名字的亲人……

这是无可复制的场景，勾起他对岁月的思念，情感内敛的老人再也抑制不住内心的波澜，眼圈鲜红，鼻子发酸，晶亮的泪光在镜片后闪烁。

踏进门楼，他伫立良久，除目光在四处搜寻之外，他的双腿像一棵老树，扎向底层，尽情吸吮着故土充盈的地气。

一个归乡的游子，不管他多么老迈沧桑，多么名声显赫，只要踏上故土，他就成为一个带着乳名的孩子，他的头上永远顶着神明。

回乡让他找到原初的状态，他像一株老树，枝叶舒展，轻风阵阵。在这里可以敞开心扉，卸去伪装，剔除任何表演的成分，还原内心的本真，任由欢笑，任由哭泣。

岁月已经遥远，但乡情依旧浓郁，邓锡清仰头张望，睹物思情，浮想联翩。祖屋是温暖的襁褓，包裹着他的童年，那一砖一石、一草一木，刻录着亲人故旧的声音，留下了母亲乳汁的气息。

邓先生迈着微弯的双腿，颤抖着手指，深情地抚摸着鲜红的门柱。坚硬的红砂岩像一个家族的骨骼，撑起绵长的日月。虽然时光在它表面经年浸泡，但没有留下丝毫衰老的迹象。时隔七十二载，游子和老屋相拥，少年与历史重逢，虽然砖瓦默不做声，但那些难以言说的心灵感应，像密电一样在心底尽情交流。

邓先生终于探身进屋，他嘴巴微微张开，喃喃而语："回来了！回来了，终于回来了！"

厅内的阁楼和木梯已被拆除，但主体结构保留基本完好。房子在不同的历史时期曾几度易主，墙上红色的标语还带着当年的政治印迹，房子的布局分割随居住者的意愿发生了变化，右侧一间已改造得面目全非。如今历史已经退潮，老屋复归平静，它带着先辈的嘱托，在苦苦等待离家的孩子，终于在迟暮之年见到了真正的主人。主人远在他乡的年代，房子一直福荫着不同的住户，不管从事何种行业，个个生活顺畅，鸿运当头，使村人默认这幢老屋有上等风水。其实所谓的风水，就是心灵感应。人是万物之灵，设计合理的房屋居住舒适，给人一种开阔的心情。

老屋就像老人，孩子不管时隔多久，还能闻到它的气息。邓锡清楼上楼下，看得非常仔细，回忆也就显得更加真切。他说当年楼道上摆着几盆幽香扑鼻的兰花，从木梯往上，香气渐浓，花盆旁有一排木墩，可看书玩耍，可闲坐聊天，在那个位置享受祖母分发的零食。回忆总是幸福的，正如古罗马诗人马提亚尔所说："回忆过去的生活，无异于再活一次。"从老人的脸上可以看出，在回忆中仿佛岁月已经倒流，那个活蹦乱跳的孩提时代，是多么快乐的一段时光！可惜回过神来，一切都是梦境，人生再也不能重来。

千里回乡，终有一别，邓锡清一步三回头地离开故居，显得依依难舍。想着这一去相隔遥远，再相见不知又是何年。出入祖屋，又是别离，睹物思人，引发老人无数的回忆与感叹，波澜起伏的内心很久也没能平复。

这次匆忙回乡，犹如一次梦幻之旅，让老人穿越了70多年的漫长时光。离开邓屋古村，已是正午时分，邓先生用完午餐，没有顾得上片刻的休息，便开始接受我们采访。在长达两个多小时的访谈中，我们认真地倾听，不忍打断他的回忆。我们手机录音的存储空间虽然不小，可还是无法容下一个科学家一生的苦难与荣耀。骨肉同胞的描述，使邓锡铭的形象有了一种热度，显得真实、朴素而生动，在那些生动的细节里，看到了少年邓锡铭向我们缓缓走来。

1939年年末，邓盛仪已经是三个儿子的父亲，这一年第四个孩子降生，是个女儿。邓盛仪非常开心，他早就想要个女儿，这回终于如愿以偿。

当时邓盛仪从国外回来，转道香港时买回一个会说话的洋娃娃。那个时候国内的玩具生产几近空白，大家都在为温饱而煎熬，玩具对孩子来说是一种极为少见的奢侈品，普通家庭的孩子不敢问津，每天陪伴他们的只是小猫小狗或石子尿泥。

邓锡铭出生在知识分子家庭，自然比一般孩子更幸运。但是当他们见到金发碧眼、穿着漂亮衣裙的洋娃娃时，兄弟几个都惊呆了。更让他们稀奇的是还有一点，爸爸买回的洋娃娃不是一般的洋娃娃，它会眨眼，还会说话。

这样的洋娃娃，对孩子来说不敢想象，简直是施了魔法，兄妹们围在一起，相互争抢，非常热闹。有时邓锡铭抢到手上，想多看两眼，但弟妹几个就哭着喊着围上来，立马就抢走了。洋娃娃叽叽咕咕，在他们手中说着话，弄得邓锡铭心里猫抓鼠咬，痒痒的。对于这种稀奇玩具，他百思不得其解，恨不得抢过来，立刻解开娃娃的衣服，弄清楚哪来的魔力，看看它的语言秘密究竟隐藏在什么地方。

那是一个望眼欲穿的时候，他想尽快揭开娃娃的秘密。可是弟妹们非常警觉，连睡觉也抱着娃娃，根本找不到下手的机会。苦等了几天，机会终于来了。那天他趁弟妹们到别处玩耍的时候，悄悄地把洋娃娃拿了过来，一个人躲进屋子里偷偷搞起研究来了。很快洋娃娃就被开肠破肚，四分五裂。

解剖的过程是充满破坏性的，剖开四肢倒是轻而易举，但想恢复过来那就难上加难了。此时母亲从外面匆匆进屋，发现地上一片脏乱，花衣裙、红头发扔了一地，再看看洋娃娃，已惨不忍睹，头和身体被肢解成几块。

母亲看见手拿碎片的邓锡铭，立马就知道咋回事了。她气愤至极，一把揪住儿子，厉声质问："你为何要这样，把好端端的玩具毁坏？你知道你爸花了多少钱吗？你这个败家子，赶紧给我跪下！"

一头汗水的邓锡铭，像一头小犟驴，坐在房间里纹丝不动。他说自己没有错，只是想知道娃娃为啥会说话，看看哪里在发声，谁知随便一掰，娃娃就破了……

母亲见他糟蹋了东西还不愿认错，伸手就要打他，可这犟小子昂着头，一点也没有要躲避的意思。母亲见他这个样子，竟然放下手来，不打了。心想还是等他爸回来再收拾他吧，要让丈夫好好教训一下这头犟驴不可。

几天后，邓盛仪回来了，刚进屋几个孩子就围了上来，叽叽喳喳地说开了。妻子以为丈夫听说这事一定会暴跳如雷，甚至揪住儿子，暴打一顿。可一切出乎意料，他没有这么做，只见他把锡铭拉过来，既不打，也不骂，而是伸手在儿子头上摸了摸，然后嘿嘿一笑，事情就这样过去了。

邓盛仪和风细雨式的教育，在孩子们心里留下极深的印象。邓锡清说，如果当时老爸回来，二话不说，劈头盖脸对哥哥一顿暴打，说不定邓锡铭满脑子的奇思妙想就此终止，若干年后激光的翅膀就这样折断。

在邓锡清的记忆中，哥哥邓锡铭从小就与众不同。对绝大多数孩子来说，贪玩是他们的天性，特别是到了暑假，孩子们不受老师的管束了，会放开性子疯玩。游泳、登山、采果、打乒乓球，专拣新鲜刺激的事来干。邓锡铭对这些也有兴趣，但不痴迷，他可以整个假期都关在屋子里，闭门不出，思考他的问题，做他想做的事情。平时他不讲究吃穿，有一年过春节，母亲见他一身衣服洗得发白了，要带他上街买身新衣，但他坚持不要。从小到大，邓锡铭从没有嫌弃过饭菜太差，衣服太旧，他的兴趣不在吃穿上面。

上中山大学附中时，邓锡铭的成绩开始拔尖，几次全省联考均名列前茅。邓锡铭发奋学习了两年多，他的自信又开始建立起来了。

在同学眼里，他平时很爱吹牛，有时把自己的物理梦想描绘得天花乱坠。当时同学们没把他的话太当回事，听了他的胡聊海侃大都只是付之一笑，很快忘掉，很少记在心里，大家都以为那是不切实际的吹牛。没有人知道，每一个伟大的想象，最早可能就生长在贫瘠荒芜的土地上，坚韧是它产生于天才内心的唯一养料。只要有智慧和汗水去浇灌，早晚都能长成繁茂的大树。

邓锡清说，升入初中后哥哥住校，每周才回家一次，之前朝夕相处、时常相见的兄弟，突然间分开来，心里难免有点想念。

有个周末，邓锡铭非要带弟弟去他学校，开始邓锡清不知哥哥玩什么花样，并不想去。后来邓锡铭告诉弟弟，让他去学校看他搞的发明。邓锡清想去看看哥哥是不是又在吹牛，于是便跟着过去了。到了哥哥宿舍，的确让他看到了一样东西，那是一个自动开关。邓锡铭利用闹钟零件改造，把发条做成了一个自动开关，拧紧之后可随意控制。这个开关虽然算不上神奇，但邓锡清心里还是挺佩服哥哥的动手能力，他毕竟看到了哥哥一次成功的发明。

初中阶段是邓锡铭思维最活跃的时期，他脑海中一些朦朦胧胧的想法开始逐渐清晰，对一些日常的发明改造跃跃欲试。

邓锡铭上初中三年级时，他爸爸有一个学建筑设计的同学，帮他们家设计了一幢房子，这就是后来成为邓氏兄弟生活乐园的广州海珠区同福中路2号。

爸爸那位学建筑专业的同学是留法归国的高材生，熟悉古今中外的建筑理念，他巧妙地利用地形设计了一幢具有中西风格的房子。这栋小楼，在抗战期间广州沦陷，被日军占领，并设为司令部。

这栋小楼内部按照西式小洋楼的布局，一楼是会客堂，二楼是生活区，分别设计为厨房、卫生间和卧室。当时还没有自来水，二楼用水依靠一个从香港买回的电动泵，从一楼水井中打水上来。电动泵用了一段时间发生了故障，这台来自香港的电动泵，在广州无法修理。电动泵坏了，二楼就供不上水，一家大小吃喝拉撒全在二楼，水停了，一下子就乱了套。

父亲在家时会用木桶从一楼水井中提水上楼，有时父亲不在家，母亲就让邓锡铭和弟弟几个一起下楼抬水。邓锡铭感到抬水非常辛苦，来回一趟要花很多时间，而且效率又不高，于是他就开动脑筋，决定在没有电动泵的情况下将水引上楼去。

当时正值假期，邓锡铭每天提完水就开始琢磨，先是在纸上画图，接着就想到滑轮原理，把滑轮固定在二楼房梁上，下面系一根绳子，绳子上再安一个铁钩，铁钩挂住木桶，木桶垂直而下，落入水井，咕咚一声木桶就盛得满满一桶水，然后拉动滑轮上的绳子，水桶很快就上升到了二楼。二楼有一储水缸，从水缸旁接了几根竹筒，竹筒源源不断地将水送到二楼各处。

水引到二楼，但水桶升到水缸上端后无法将水倾倒出来，每次都需要一个人站到凳子上去接住水桶，将水倒进缸里才行。这样还是显得很麻烦，邓锡铭决定要解决这个问题，想了想，便在木桶上做了一个小小的改造。他在桶底安一个拉环，拉环拴上绳子，绳子一拉，水桶就倾倒过来。

只用几天时间，邓锡铭就巧妙地解决了家里用水的问题。兄弟几个见哥哥解决了打水的难题，对他佩服得五体投地，就连一直心存质疑的母亲，也开始对他刮目相看。

有了成功的先例，邓锡铭的热情便高涨起来，那个假期他的创意和灵感像火花一样不断迸发，他尝到了发明的乐趣。

有段时间，家里时常有客人登门，因为住在二楼，客人来了随时要下一楼开门。邓锡铭感觉这样跑上跑下很麻烦，于是他又开始琢磨自动开门装置。邓锡清说，哥哥这次发明的自动门开关，其实就是最初的门控装置。用一块反观镜观察门外的情况，有人敲门时按一下开关，开关转动，把门闩推开，客人便可推门进入，然后重新按下开关，反向转动，门闸又重新合上。

这些小发明的成功应用，不仅让家人感到了方便，同时也坚定了邓锡铭的信心。

发明古国的遗憾

上高中时，邓锡铭有了更深入的思考，他归纳出比热与原子量的关系，并为自己的"新发现"而沾沾自喜。他正准备把自己的发现公之于众的时候，物理教师黄杏文给他兜头泼了一瓢冷水。

他告诉邓锡铭："今后你学了热力学就懂得前人早已导出了这些定律。"原来自己还很骄傲，以为有了新发现，谁知别人早就想出来了，看来真正的发明还藏在更深的海洋中，浮在水面上的只是一层泡沫。

上大学一年级前，邓锡铭在假期搞了一项小发明，他用自己积攒的零花钱买了材料，利用水银下落的原理抽气，制造一个真空泵。真空泵做成了，当时他自鸣得意，满以为这是自己的一项发明，骄傲了好一段时间。后来进入北大物理系，他从英国著名物理学家迈克尔·法拉第的《法拉第日记》中发现了自己的幼稚，原来早在19世纪50年代别人就做出来了。不过这次经历还是给了邓锡铭重大的鞭策和启迪，使他在后来的科研中具有大胆创新、追求变革的独立意识，要做一名真正的发明家，还需下很多苦功。

从世界科技史来看，中国古代的基础性发明给人类的贡献完全可以用"伟大"两字来形容。虽然不敢说与苏格兰发明家詹姆斯·瓦特发明蒸汽机一样，在18世纪引发了一场改变世界的工业革命。但是如果缺少我们这些基础性发明，世界将会显得黯然失色。可惜我们的祖先没有充分利用好自己的发明，让这些前景无限的发明缺乏应有的深度，留下了永远的遗憾。

这种浅尝辄止的现象不知道是我们的民族性格使然，还是自我满足的原因，中国古代的每一项发明都在曙光初现的重要时刻戛然而止。为何没有顺着这项发明做出无限的探究，使一项本可能影响世界、改变未来的发明失去它应有的高度，失去炫目的光彩，永远屈居底层，被人踩在脚下。

在公元前6世纪到13世纪这1800年间，中国的发明家远远走在世界前列。他们在众多领域创造出全新的技术，解决了长久困扰人类的问题。这些技术发明使人类活动的方式发生了重大变化，这种变化绵延不断，一直持续至今。

公元前6世纪，中国人发明液态生铁冶炼技术，解决了人类步入铁器时代之后面临的一个最大难题，开始用简便的方法把铁矿石源源不断地变成生铁和铁器。这项发明使人类能够高效、便捷地把铁矿石变成铁制用品，成为人类最早实现工业化连续作业的成功范例。

液态生铁冶炼技术的发明，全面更新了古代中国的工具、农具和兵器，促进了众多领域技术的进步，为人类制造机器提供了最重要的物质条件。由于这种冶铁技术综合难度很高，关系国计民生，所以我国古代的当权者严格禁止技术外传。直至15世纪，西方才出现液态生铁冶炼技术。

同在这一时期，人们总结了自商周以来铸造青铜器的经验，发现了青铜主要成分铜、锡的比例与合金性能之间的关系，为铸造用途不同的各种器物提供了工程设计的依据。成书于春秋时期的《考工记》，明文记述了六种不同的铜、锡比例分别适宜制造何种器物，这是人类历史上有文字记载的最早的合金成分与性能对照表。

后来把两种不同性能的合金巧妙结合，铸造出既锋利又不易折断的宝剑。他们首先用低锡青铜铸造韧性良好的剑芯，再用高锡青铜包裹剑芯进行第二次铸造，形成坚硬耐磨的锋刃。

利用复合材料制造器物，超越了单一材料的局限，是人类工程设计思想的一次飞跃，这种新的思路一直延续到今天。但是在金属复合材料技术领域中，我国并无优势可言，远远落后于德国、日本等先进国家。

大约公元前4世纪，中国人发明了指南针。这项发明使人类获得了一种无所不在的空间方位指示器，在地球上不致迷失方向。1800年之后，哥伦布和他的水手在指南针帮助下，越过茫茫大海，找到了美洲大陆，让他名垂青史。

我国水利史上许多重大发明，均产生于一些宏大的工程建设，如人类驾驭江河水流的新技术。公元前3世纪末，先人开凿了沟通长江水系和珠江水系的运河——灵渠，把水利工程技术推向新的高度。

公元前219年，秦始皇50万大军攻打南粤受阻，为解决部队军需特别是粮食供应问题，命监御史禄督造连通湘江和漓江的运河，以便中原船只直达岭南。灵渠工程历时五年，竣工后长江的船只可以直达广州。这条运河从公元前214年开始担负水运任务，直到20世纪湘桂铁路通车为止，2000多年间成为岭南和中原之间重要的交通航道，使得五岭阻隔的长江流域和珠江流域连为一体。

灵渠建在北上的湘江与南去的漓江之间的峡谷地带，穿越峡谷台地引湘江水入漓江，同时兼有运输和灌溉两种功能。这项水利史上的奇妙工程，包含着三项重大发明：

第一是大江分流技术；

第二是使巨石连成整体技术；

第三是使船舶由低水位向高水位自由航行的技术。

公元前2世纪，亦即人类发明纺织技术5000年之后，中国人利用大自然中的植物纤维发明了另一类纤维制品——纸。

纸的发明，使文字插上轻盈的翅膀，带着人类的思想和智慧飞向远方。3世纪，中国的造纸技术传到朝鲜；7世纪传入日本；8世纪传入阿拉伯；12世纪传入法国；15世纪末传入英国；17世纪由英国传入美国。

大约公元前200年，我们祖先发明了独轮车。1700年之后，欧洲人为独轮车在行进的方向上添加一个轮子，变成了今天的自行车。别人的成功发明是踩在我们的肩膀上，然而所有的光环都闪耀在他们头上，所有的收益都流进了他们的腰包。

132年，东汉时期的科学家张衡（78—139），发明了测报远方地震的科学仪器。这项发明标志着人类第一次超越感觉器官的局限，用科学仪器获取重要的大地运动信息。

继希腊亚历山大城的科学家埃拉托西尼精确测量地球半径、希帕恰斯推算出月球和地球之间距离之后，张衡发明地动仪，标志着人类在了解地球的艰难历程中又迈出重要的一步。直到1880年，英国人米尔恩才发明现代记录地震的仪器。

7世纪，中国人发明了火药，从此，这种积蓄超强爆发力的"神药"，打破了世界的安详与宁静，改变了冷兵器时代的战争格局。战场上不再是刀光剑影，而是炮火纷飞。迎面而来的枪林弹雨，掀起了无数的惊涛骇浪。我们的祖先发明火药时应该没有如此歹毒的用意，只是用于制作烟花爆竹，让它为节日装点气氛。然而火药里隐藏了疯狂的魔性，这股魔性一旦被点燃，必将血流成河、生灵涂炭，酿成尸横遍野的灾难。

13世纪，火药随蒙古人西征传到阿拉伯世界，后来经阿拉伯人传到欧洲，与西方的机械制造技术结合，成为新兴资产阶级攻陷城堡、战胜封建贵族、征服海外殖民地的强大武器。中国人这件阴差阳错的发明，在相当大的程度上改变了世界历史的进程，也让自己遇难蒙羞，深受其害。西方列强屡屡借用我们祖先的发明，武装他们的坚船利炮，洞穿中国人的肉体，摧毁我们的家园，使我们陷入"人为刀俎，我为鱼肉"的窘境。

科技落后造成本末倒置，作为火药的发明始祖，这是一种绝妙的讽刺。

7世纪，中国人发明了雕版印刷技术。发明雕版印刷技术300年之后，中国人又发明了活字印刷技术。这项发明在几个世纪之后引起世界印刷技术的巨大变革。这项变革与现在的计算机和互联网一样，具有划时代意义。1041年，毕昇用分离的汉字字模拼装组合成印版，印刷文卷。这些分离的字模，每个模子上只有一个字，就像印章一样，它们以不同的方式排列组合，印刷出不同的书籍文献。

对使用拉丁字母的文字来说，活字印刷技术使图书文献的印刷过程变得十分简单、方便。活字印刷技术辗转传播到欧洲以后，使欧洲直接跨越了雕版印刷阶段，用活字技术开始大量印刷书籍，促进了文化传播和知识普及，为欧洲文艺复兴提供了极其重要的先决条件。但是古老的印刷术没有让中国成为印刷王国上的明珠，将近1000年过去了，我们的印刷术依然没有攀上世界的巅峰。纵观当下，那种产自德国、命名为海德堡的机器，像一个永不破灭的科技神话，称霸全球，牢牢占据着印刷行业的核心地位。

历史在反复言说，一个懂得如何站到别人肩膀上的民族，一个甘愿把肩膀送给别人当台阶的民族，必定会出现两种截然不同的结果。

中国人在工程技术领域创造了众多的新事物，那些发明分别成为今天许多领域的技术基础，但是它没能为我们的科技进步带来惊人的飞跃。古老的民族就这样一次又一次失去了崛起的机遇，让人无比痛惜和哀叹。

落后就要挨打，这是一种必然规律。邓锡铭读小学、初中时正是第二次世界大战期间，他亲眼目睹了日本侵略者在中国犯下的滔天罪行，飞机狂轰滥炸，同胞被摧残杀害，十几岁的堂姐惨遭日军强暴，一家人长期流落他乡……

我是一个隔代的探望者，无法知晓邓锡铭那时的内心感受，但是我相信，一个有作为、有抱负的科学家，必定有着清醒的头脑，他内心始终会有一种民族情怀，这种情怀将激励着他去追寻更加高远的目标。

第三章　梦想的翅膀

同窗的爱恋

中学生是介于少年与青年之间的特殊时段，十四五岁的孩子，就像花季、雨季的植物，正处于多愁善感的年龄。

刚进入青春期的少男少女，身心开始出现微妙变化，那种异性相吸的神秘感，像一场酝酿已久的化学反应，发酵成日益明显的好感。在朝夕相处的碰撞中，迸发出爱情的火花。

1946年，邓锡铭与梁绮梅一起考入中山大学附中（即现在的广东省实验中学），两个素不相识的人成为同班同学。谁也看不出来，两个人的缘分在这一刻就已注定。时光已经过去了60多年，当初的细节已经无法还原复述，只有碎片般的重要线索穿越尘封的岁月，清晰地呈现在我们眼前。爱情的萌发，能释放一种神秘的气味，无影无形，难以察觉，有时像一场霏霏细雨，有时又像一阵夏夜微风，在悄无声息中飘然而至。

那本淡蓝色封皮的影集，作为青春与爱情的见证，仍然完好无损地保留在邓锡铭女儿的书房。深沉的蓝色藏着一泓不老的心湖，轻轻地翻动一页，如水的岁月就在眼前哗哗流淌。

那是班级的集体照，照片上明眸皓齿的梁绮梅笑容甜美，亭亭玉立。特别是一双顾盼生姿的大眼睛，摄人心魂，让人过目难忘。头上那对可爱的小辫子，像春天的杨柳，在微风中不停摇摆。

紧挨在梁绮梅身边的是一位身材高挑、目光炯炯的小伙子。不难猜出，他就是邓锡铭。不知是有意为之，还是纯属巧合，影集里保存的几张集体照都有一个共同的特征，邓锡铭像一个即将出场的主角，每次都站在梁绮梅旁边那个恰到好处的位置，或前或后，或左或右，像有人精心安排。

对于人数众多的集体照，回看时绝大多数人都会一滑而过，忽略其中的细节，可正是在这些细节的背后，掩藏着一个男孩的爱情秘密。那些看似无意的巧合，多年后邓锡铭才一语道破天机。他说那个年代照相的机会并不多，为了能与心仪的女孩挨得近一点，至少有两次是他有意为之。

那次班里搞集体活动，活动结束后大家提议一起合影。师生们积极响应，赶忙在操场一角开始列队，女生站前，男生站后。同学们很快就排好了队形，此时只有邓锡铭显得心神不宁，他一会儿往前，一会儿退后，好像根本就不知道自己到底该往哪儿站。

有位同学见他心情急迫的样子，问他干啥？邓锡铭不便回答，只好支吾着，笑而不语。不过他那双瞪得溜圆的眼睛却一刻

邓锡铭、梁绮梅在中山大学附属中学毕业时照片

也没有闲着，像个侦探在不停搜寻张望。

就在他望眼欲穿的时候，梁绮梅从远处匆匆跑来了。当时合影的队列已经站好，晚来一步的梁绮梅只好站到最边沿那个位置。偏偏此时邓锡铭却夹在同学中间，离她很远。这样的情形对邓锡铭来说简直是猫抓鼠咬，站在另一端的梁绮梅，如磁铁一样深深地吸引着他。他真想奔跑过去，可是又不好意思做得太过明显。那一刻，他灵机一动，佯装内急，双手捂着肚子，往厕所跑去……

只一小会儿，邓锡铭就从厕所跑了回来。谁也没有觉察到任何破绽，他靠着聪明的脑瓜子，略施小计，就顺理成章地站到了梁绮梅身旁。

那是邓锡铭感觉最为幸福、甜蜜的时刻，心里像过电一样舒坦。梁绮梅那时还浑然不知，这个绅士一样、彬彬有礼的帅小子，原来对她爱慕已久。

新学期要成立宣传队，性格活泼、模样俊俏的梁绮梅成为首选队员，经过一段时间的排练，梁绮梅能歌善舞的天赋充分地表露出来，很快就成为学校宣传队的骨干。有意思的是后来邓锡铭竟然也成为宣传队中的一员，虽然他没有与梁绮梅同台演出，但他的任务是负责舞台灯光。当时还看不出其中的端倪，学校的无意安排，却成为邓锡铭爱情与事业的双重隐喻。灯光照亮舞台，它既是爱情的希望，又是事业的光芒，这是一个激光专家的命运走向与人生的巧合。

用现在的话来说，中学生之间的男女感情不算爱情，而是早恋和禁果。几乎所有的家长对这种行为都会反对和阻挠，不管双方如何有情有义，都必须掐断往来，熄灭念想，有的甚至为此转学他乡。家长们认为，对身心稚嫩的孩子来说，早恋的行为是有害无益的。可是在邓锡铭身上却呈现了另外一种状态，那就是因爱情而萌发的自信与动力！

如果说高中前阶段的爱意仅仅是含蓄朦胧的好感，那么考入大学之后就像潜藏水底的游鱼，把头浮出了水面，让爱情的花蕾迎风绽放。

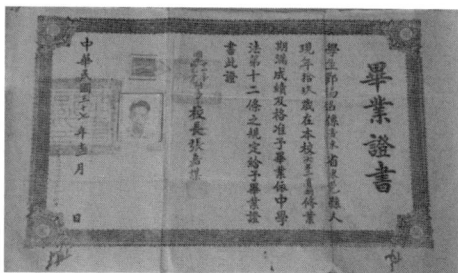

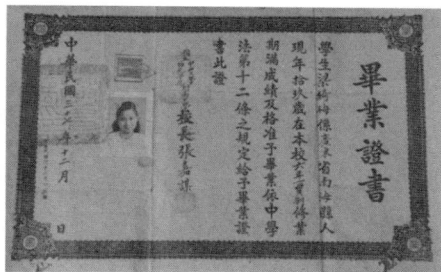

1948年邓锡铭、梁绮梅在国立中山大学附属中学的毕业证书 刘克平 摄

迎考前邓锡铭给自己确立了目标，大哥正好留学美国，他以哥哥为榜样，发誓一定要考上名校，而且第一志愿就选北京大学，因为那里是父亲的母校。

1948年广州还未解放，北大没有在广州招生，于是邓锡铭与梁绮梅一起投奔她父亲的朋友——一位在上海的资本家。当时正值上海解放的前夜，校园内住满了国民党伤兵，因无人照管，每天都能听到伤兵的呻吟和惨叫，路边不时能看到横陈的尸体，其状十分凄惨，走进战火弥漫的城市，让他的内心难以安宁。

1949年7月，邓锡铭考入北京大学物理系，10月迎来了开天辟地的全国解放。时局不断刷新变化，但没能动摇两人的爱情，按后来者的经验推断，高考前是不宜恋爱的，谈情说爱会分散精力，影响成绩。再加上这种早春时期的爱情过于青涩，一些花前月下、海誓山盟的诺言显得虚无缥缈，都是些不靠谱的事情。到了大学，天各一方，环境不同，现实变化，捉摸不定，爱情的红棉树上很少能结出甜蜜果实。

但是任何事情都不能以偏概全，生活中不乏爱情的圣徒，他们生活中互相关心，学习上彼此鼓励，从一而终，不离不弃，在寻求知识的暗夜中擦亮爱情的火花。

纯洁的爱情是向上的动力，他们没有因为恋爱而沉迷于花前月下，而是把爱当成了高远的目标，当成了内心的鞭策和激励。这种坚贞纯洁的爱让人想起抗日战争与解放战争时期的革命爱情，彼此只为一个目标，没有丝毫的杂念。

在梁绮梅心里，邓锡铭是一个活泼上进的阳光男孩，不管什么时候，只要有他在场，心情就会愉快，气氛就能活跃。每当谈起他搞的发明，立马就眉飞色舞，神情激昂。他的理想是未来的发明家！如果不了解他性格的人，真以为遇上了"牛皮大王"。但眼光独到的梁绮梅当时正是看上了他这一点，邓锡铭热情奔放，富于想象，充满激情，有勇气、有担当，最重要的是他还有统领团队的能力。

梁绮梅在后来的回忆中，多次描述邓锡铭在中学时期的印象，说他聪明勤奋，对一个出身富商家庭的孩子来说，这是十分难得的品质。高中时他就搞了很多的小发明，发明了在二楼就可打开一楼大门的门闸开关，后来还发明了定时煮饭的电饭锅。这两项发明让家人感受到了实实在在的便利，特别是母亲再不用清早起床，为家人准备早餐，为她省了不少的事。

邓锡铭与那些传说中的科学家、发明家不同，他身上找不到书呆子气，在梁绮梅眼里，邓锡铭是一个机灵活泼、多才多艺的帅哥。青年时期长跑和游泳是他的强项，在中学时就显露了他的演讲天赋，他能把一个枯燥乏味的问题演说得妙趣横生，吸引力和号召力很强。有一次约了一帮同学到珠江白鹅潭游泳，梁绮梅也一同去了。地处广州沙面岛以南的白鹅潭，是西航道、前航道、后航道三段珠江河道的交汇处，是广州段最宽、最深的河面。这里水深浪急，烟波浩渺，水性不佳的人是不敢轻易进入这片水域的。在此之前大家并不知道邓锡铭有那么出色的泳技，在水里他展示各种泳姿，让同学们为之折服，称他是浪里白条。在大家的赞美声中，他一鼓作气，横渡珠江，展示了他的勇猛气势。游泳这项少年时期养成的爱好，成为邓锡铭最喜爱的运动。可是后来因为连续的政治运动和紧张的科研任务，就连他最喜爱的游泳运动也被迫放弃，成为一种不便言说的遗憾。

邓锡铭过人的聪颖、良好的天赋在中学阶段就已显露出来。当时的物理老师非常喜欢这个学生，不时鼓励他，希望他能保持这种善于思考、大胆创新、富于想象的良好习惯。中学毕业前，物理老师曾预言，邓锡铭在若干年后很有可能成为优秀的发明家。

老师不是先知先觉的圣人，但是他的目光却穿透了厚重的时间，看到了若干年之后的学生。老师不是凭空想象，而是根据邓锡铭超强的悟性和强烈的探究心理得出的预测。

进入高中阶段，邓锡铭的综合能力和良好天赋开始发挥出来，让他有信心向更高难的方向探索。这段时期他兴趣日益广泛，与一般的中学生相比，他显得更有思想、更有学问，不仅理科成绩拔尖，文科也同样优秀。

对具有远大理想的学生来说，在成长过程中，不应该只知道死读书和读死书，还要学会细心观察和独立思考，懂得融会贯通。特别是理科生，视野不能狭窄，人文科学的修养在这一阶段显得非常重要，就像一个塔基，关系到一个人能否支撑重量、拥有高度，能否攀登科学高峰的问题。但是人文科学的修养无法速成，它没有现成的公式和口诀，只能依靠日积月累，循序渐进，所以在青少年时期能否好打基础，就成为关键。

在阳光雨露的滋润下，小苗茁壮成长。此时的邓锡铭，如一株萌发在春天里的新芽，全方位发展，扎下了深厚的根基。每天完成功课后，坚持练习书法，背诵古诗，对历史、哲学、美术都有广泛涉猎。

对文艺的喜爱，使两人有了相同的梦想，邓锡铭多年后才透露，当时两人奔赴上海，其实还有一段小插曲。梁绮梅去上海是为了投考上海戏剧学校，后来到了上海经过反复考虑，才放弃当演员的理想，选择了学医。1949年，邓锡铭以优异成绩考取了北京大学物理系，而梁绮梅则以高分考上大连大学医学院，两人在互致祝贺的同时，也开始感受到爱恋中的相思之苦。

大学期间，两人鸿雁传书，谈学习、谈人生、谈理想，彼此用鼓励欣赏的方式维系着坚贞的爱情。

邓锡铭与梁绮梅同为工科，在那时的青年人心中，物理是一门分量极重的基础性学科。按现在高等学府的招生排行榜来看，物理不再是最热门的专业，但那时的物理系有过辉煌的岁月，师生成为令人骄傲的群体，学子们在世人心中就是高山仰止的精英。不论在风云变幻的20世纪上半叶，还是在后来的和平年代，这些精英的存在，这些翘楚的闪耀，都像英雄一样，等同于现实中的神话。

在那个年代，物理系的才子们不乏浪漫的爱情故事，当昔日的学子成为科技界风云人物之后，他们写下了满含深情的回忆文字，从他们的文字中可以找到当年的余韵。

对花季少女来说，那些出类拔萃的男生，自然是一份花团锦簇的人生理想。那时的女子，对当下许多被金钱扭曲的爱情观来说，她们的追求不说更为高尚，至少也显得更为纯粹，姑娘们更注重人生情怀和精神气质，而不是金钱、权力、地位那种外在的魔光。

1949年圣诞节，正在美国芝加哥大学物理系深造的杨振宁到普林斯顿唯一的一家中餐馆"茶园餐厅"吃饭，忽然听到有人在叫他，一回头，原来是一位貌美如花的小姐。她就是杜聿明将军的女儿杜致礼。五年前，正在西南联大读书的杨振宁到西南联大附中兼职数学老师，这个班的学生中有西南联大文学院院长冯友兰的女儿宗璞，还有后来以小说《红岩》感动了数代读者的罗广斌以及杜致礼。

邂逅于异国他乡，一下就拉近了彼此的距离，两人很快就进入了热恋。1950年，他们在普林斯顿大学举行了婚礼。尔后，杨振宁携新婚娇妻拜访胡适先生。一见面胡先生就幽默地说："你父亲总为你的婚事着急，嘱托我们想想法子，我就说不用急，果然你自己找到了这样漂亮能干的太太！"

60多年过去，现在我们只能用想象去还原当时的情景：年轻有为的杨振宁一定是春风得意，而胡先生在欣喜之余，话里话外似乎还带着一点酸楚的况味。眼前站着的是前途大好的同乡之子，不由让他想起留在大陆、不知死生的儿子。更为重要的是，在这狭窄的民国高级知识分子圈内，有哪位先生不羡慕杨振宁的父亲杨武之啊！

就在杨振宁陷入热恋的那个时期，同在芝加哥大学学习、同为物理系才子的李政道也收获了自己的爱情。与杨振宁不同的是，除后来成为他夫人的秦惠君之外，还有一个叫南希的中国姑娘暗恋他。当时，在男多女少的美国华人留学生圈里，这样的荣耀恐怕也只有物理系那些才子们、那些学界新星才可享有。

中国导弹之父钱学森是我们民族的骄傲，他的爱情更是珠联璧合。一位是科技界巨子，另一位是声乐界名人。一代佳话，一世情缘，这是圈内对钱老爱情的评价。

钱先生酷爱音乐，上大学时就是校乐队的小号手，对妻子的音乐才华和成就有很高的认同感。钱学森曾深情地说："蒋英是干什么的？她是女高音歌唱家，而且是专唱最深刻的德国古典艺术歌曲。正是她给我介绍了这些音乐艺术，这些艺术里所包含的诗情画意和对人生的理解，使得我丰富了对世界的认识，学会了艺术的广阔思维方法。或者说，正因为我受到了这些艺术方面的熏陶，所以我才能避免死心眼，避免机械唯物论，想问题能够更宽一点、活一点，在这一点上我也要感谢我的爱人蒋英同志。"这是一位大科学家对一位大艺术家的高度评价和深情理解。

有了前辈做榜样，邓锡铭和梁绮梅的爱情进行得无比坚定，在风雨岁月中谱写了一支动人的伉俪曲。

梁绮梅作为20世纪50年代初期的大学生，她在大连大学医学院是品学兼优的学生，但是为了照顾家庭，成就丈夫的事业，梁绮梅主动放弃了自己的专业。半个多世纪，无论顺境逆境，她一直陪伴在邓锡铭身边，从广州到长春，从长春到上海，风雨同舟，相濡以沫。

借用那句老话，一个成功男人的背后，总是站着一个不平凡的女人。梁绮梅说："我和他这一辈子，酸甜苦辣什么都尝过了，我能为他尽一点责任，也不枉在人间跑一趟了。"梁绮梅的话是发自内心的，对她来说，成就了丈夫的事业，也成就了自己的人生。

无悔的选择

北京大学物理系历史悠久，人才辈出，在历经100年的发展进程中，物理学科群星璀璨，薪火相传。这里曾聚集了饶毓泰、吴大猷、丁燮林、朱物华、周培源、叶企孙、王竹溪、胡宁、黄昆等一大批中国物理界的领军人物。

抗战时期，北大、清华、南开三校物理系合并为西南联合大学，先后培养了郭永怀、彭桓武、杨振宁、邓稼先、朱光亚、于敏、李政道、周光召等众多享誉世界的杰出科学家。曾在这里学习或工作过的中国科学院院士有110多位，中国工程院院士12位。我国23名"两弹一星"元勋中，有12位是北京大学物理学院的校友。这里也是我国高校中当选美国物理学会会士（Fellow）最多的物理系。

北京大学的转型升级一直在稳步推进。1912年5月，原京师大学堂更名为北京大学，严复出任校长。1913年北京大学设科立门，原格致科改称为理科，从欧美留学归来的夏元瑮教授聘任为理科学长。

1913年，第二届预备科学生毕业，文、理、法、工四科招收分科学生，理科数学门、理论物理学门、化学门各招一班，不久理论物理学门即改为物理学门。招生时用物理学数学门名义，二年级时再分为数学门和物理学门。我国物理学本科教育从此拉开了序幕。

1917年之前，所有教授都在文、理、法、工各科学长和预科学长的直接领导下工作，没有系一级的组织。这个时期的北大理学院坐落在景山东街马神庙（现称沙滩后街），是一个美丽的校园。这里原是前清的四公主府，朱扉碧瓦，殿堂几进，一种静穆典雅的贵族气息在园内流淌。

最令人留恋的莫过于大讲堂前秀美的荷花池。盘形的草地环绕着娇小的莲池，周边植有苍松、翠柏、丁香、海棠。莲池中央汉白玉石柱上的日晷，指针永远指向天枢，古朴的篆刻罗列于石柱的四方，铭文曰：仰以观于天文，俯以察于地理；远取诸物，近取诸身。

当年的莘莘学子，课余在此小憩，他们从中领略到探索宇宙奥秘的哲理和未来科学的价值。邓锡铭从石柱的篆刻中，联想到家乡祖屋的木雕和壁画，那些藏在画里的寓意，如风过田野，穿越时空，在古朴典雅的校园中相交神会。那一刻心灵顿悟，四周祥光辉映，似乎听到神灵在喃喃而语。

再看荷花池背后的大讲堂，它本是王府内殿式的建筑，内部改装成可容100余人的阶梯教室，其西侧讲台上有硕大的讲桌，桌上水电煤气供应俱全，可做各种物理实验，这里是一年级学生上普通物理课的地方。力、热、电、光，每讲一个重要原理，必有推演实验来辅之验证。按当年的标准，室内的设施相当先进。

如果细心去领会精巧的构造，仰视一下头顶的天花板，就有时光倒流的感觉，依旧是雕梁画栋、金碧辉煌。无怪乎当年（1937年）物理大师玻尔（Niels Bohr）在此演讲时，将它誉为世界上最美丽的讲堂。

这个时期的课程设置与抗战时的西南联大相比，没有太大变化，但与1952年以后就大不相同了。全校为理学院、工学院及医预科一年级学生开设一年的微积分、普通物理和普通化学以及普通物理实验和普通化学实验课程。物理系对准备进入本系二年级的学生要求微积分和普通物理课成绩在70分以上。

物理系二年级的主要课程有力学、电磁学和电磁学实验，还有高等微积分和微分方程；三年级的主要课程有热学、光学和光学实验；四年级的主要课程有无线电、近代物理和无线电实验、近代物理实验。为研究生开设的课程不固定，计有理论物理、电动力学、量子力学、光谱学、原子构造、原子核物理等，高年级学生可以选修。学生有宽阔的自学空间，教师授课大多无固定课本，显得非常灵活，系图书馆对学生完全开放，视野开阔的学生阅读范围远不止教师推荐的参考书。当时学生的水平虽然不是整齐划一，但普遍说来，那个时代北大毕业的学生，能适应多种行业，表现出来的独立工作能力和创造精神特别突出。

物理系为高年级每门实验课都设有单独的实验室，复员后一开始都有专门的教师负责：丁渝负责电磁学实验室，沈克琦负责光学实验室，苟清泉负责近代物理实验室，郭沂曾负责无线电实验室。在他们的努力下，从复员后的第一年起就开出了足够数量和符合水平的教学实验。北大物理系的工厂规模虽小，却有良好的车床、精密的刻度机和技术高超的工人，为装备教学和科研实验室做出了重要贡献。王文起师傅用相对比较简易的机器制作出精度与德国进口货相媲美的迈克耳孙干涉仪，一时传为佳话。

物理系图书室是师生们的最爱，在一幢装饰华美的小楼一层，那里绿树成荫、环境幽静。室内四壁陈列书籍，中置大书桌四张，书籍期刊对本系师生全部开架。这里的藏书是经过四五十年积累起来的，沦陷期间不但未减，还增加了近200册的日文书。复员后又增添了新书约250册。除书籍之外，英、美、德、法等国的重要物理期刊，也尽在收罗之中。除欧洲部分杂志因战争阻隔而暂时告缺之外，其余均已补齐，成为管窥世界先进科学的窗口，为科学研究提供了便利条件。

北大物理系的研究室是1933年饶毓泰先生掌系以后，经多年苦心经营策划，才慢慢装备起来的。研究室战前已具规模，研究范围重点在光谱学方面，主要仪器有两台大型分光摄谱仪和一个

49级北大物理系毕业合影，前排左起第二为邓锡铭

最珍贵的精密凹面金属光栅。这光栅是战前由吴大猷自美国购回，曲率半径28英尺，每英寸30000条刻线。1946年复员后在恒温、恒湿和防震的环境中被重新安装和调试出来。

北大物理系这个时期的研究工作，除光谱学之外，还有马大猷先生的建筑声学和张宗燧先生相对论性场论方面的工作。北大物理系这一时期教师和学生都不多，但不乏佼佼者。且不说教授中已达很高学术水平甚至蜚声国外的饶毓泰、马大猷、张宗燧、胡宁、黄昆等20世纪50年代当选的中科院院士（学部委员），青年教师后来成为中科院院士的有邓稼先、徐叙瑢，中科院、工程院双院士有朱光亚；学生后来成为中科院院士的有于敏、刘光鼎、邓锡铭；成为工程院院士的有赵伊君，其中邓稼先、于敏、朱光亚还获得“两弹一星”功勋奖章……

1950年6月25日，朝鲜战争爆发。7月7日，在苏联缺席的情况下，美国操纵联合国安理会通过第84号决议，决定介入朝鲜内战，并由此开创了一个错误的先例，派遣联合国军支援南朝鲜对抗北朝鲜的进攻。

9月15日，以美军为主，联合英国、加拿大、澳大利亚、新西兰、荷兰、法国、土耳其、泰国、菲律宾、希腊、比利时、哥伦比亚、埃塞俄比亚、南非、卢森堡等国的联合国军在仁川登陆，直接介入朝鲜内战，并将战火蔓延至中国东北。

为了保护刚刚成立的新中国免遭战火，在朝鲜战争爆发四个月后，中国人民志愿军应朝鲜请求赴朝（我国称抗美援朝战争），与朝鲜人民军并肩作战，并取得重大胜利。

当时中共高层作出"抗美援朝，保家卫国"的决定，一时间全国各地的热血青年，争相报名，纷纷要求加入志愿军行列，到朝鲜去消灭敌人。

北大学子一向关心国家前途、民族命运，这也是北大的优良传统。邓锡铭在大学期间就是中共党员，而且负责青年团工作，具有强烈的爱国情怀。为了报效国家，他第一批提交申请，要求参加志愿军，奔赴朝鲜战场。当时周恩来总理作出批示，大学生是国家的宝贵人才，暂不参加志愿军。

那是一个激情如火的年代，青年人在理想主义的感召下，都有一种献身精神，在他们的心里只有祖国和人民。1952年7月，邓锡铭以优异成绩从北大物理系毕业，随即奔赴科研一线，投身火热的社会主义建设。

对一个把科研发明当成终身理想的大学生来说，找到一个适合自己的岗位，显得至关重要，面对新的选择，邓锡铭再三考虑，在三个分配方案中选择了中国科学院长春光学精密机械研究所。从那一刻开始，他把自己的一生交给了祖国的激光科研事业。

邓锡铭在北大求学期间是学习的最佳时段，由于他搭上了院系的末班车，因此成了学术的幸运儿。在他毕业后中国高等教育界出现了一次重大的调整，这是一件至今让学界念念不忘的事情。

1952年年底，全国有四分之三的高校进行了院系调整和重新规划专业，这在中国教育史上是一次空前的变革。由此，这次调整一度成为学界研究的热点，从调整之日起就饱受争议。有赞同的，更有非议的，总体来说，初期大都是褒扬之声，后来否定的观点逐渐占据了主流。有人甚至认为新中国成立后大师匮乏与这次院系调整有直接的关系。

也许站在不同的角度来看待问题，自然就会有不同的结论。我们虽然对这次院系调整不好作出非此即彼的判断，但经过60多年的实践检验，已经证明这种从苏联借鉴而来的模式绝对不是百分之百的普遍真理。邓锡铭赶在这股浪潮奔袭之前完成了自己的学业，就像一只羽翼渐丰的雄鹰，开始在风云变幻的天空中搏击翱翔。

邓锡铭把中国科学院长春光学精密机械研究所作为自己人生事业的试验场，那是无比正确的选择，就像鱼儿游进海洋，飞鸟升上天空。

成立于1952年的长春光学精密机械研究所是中国科学院规模最大的研究所，从建所以来不断发展，迄今为止先后有22名院士在此工作，有正高级科研人员135人、副高级科研人员294人。长春光学精密机械研究所是中国科学院博士生重点培养基地，设有博士点6个、硕士点8个、博士后流动站3个，被誉为"中国光学的摇篮"。

对大多数人来说，第一个工作的地方总是记忆深刻的，长春，那个北国春城，在邓锡铭心里有着太多美好记忆。

有情人终成眷属

1953年，在长春光学精密机械研究所工作了一年多的邓锡铭，迎来了他大喜的日子。在那个秋高气爽的季节里，一对爱慕已久的恋人结为秦晋之好。人生与事业就像轮回的四季，当如火的夏天过去之后，瓜熟蒂落的爱情便成熟于金色的秋天。

新婚蜜月，邓锡铭有了短暂的闲暇，一对新人心手相牵，穿过长春街头，进入南湖公园。他们在林间小道上漫步，两人边走边聊，邓锡铭幽默的话语，不时引发妻子银铃般的笑声。

小路弯曲，像一个硕大的问号呈现在不断延伸的前方，高大的白桦树簇拥着小路，给人留下不尽的期许。邓锡铭与妻子并肩而行，一直往前走着，不时停步观赏路边的风景。对一对如胶似漆的新人来说，多么希望顺着这条小路一直走下去、走下去，一直走到未知的远方，走到路的尽头……

当日头西斜、鸟雀归巢时，梁绮梅终于走累了。她看着腰板挺直的邓锡铭像一棵秋天的杨树，站立在身旁，顿时潮水一样的幸福感奔涌而来。

梁绮梅和所有撒娇的女孩一样，把身子慢慢靠向丈夫的肩膀，去寻找一种踏实、一种依靠。此时，邓锡铭伸手搂紧妻子，心中漫过无边的暖意。

两人紧紧相拥，在心里默念着海枯石烂、地老天荒的爱情誓言。拥抱之后，他们找到一条石凳，一同坐下。东北的天空异常辽阔，抬头仰望，秋日的天空湛蓝如洗，排成人字的雁阵从头顶缓缓飞过，满园的枫叶像燃烧的火焰在枝头摇晃。两人都生长在温暖的南方，没有霜雪的岭南，当他们看到满园的秋景、飘然的落叶时，感慨万千。在这里第一次感受到秋风如刀片一样凌厉，原来北方的季节是如此分明。

邓锡铭、梁绮梅婚后在长春合影

为了能陪伴在丈夫身边，梁绮梅在大连大学医学院毕业后来到了长春，成为中国第一汽车制造厂职工医院的眼科医生。

大连大学医学院是中国共产党在解放区创办的第一所正规医科高校，其前身是1947年创建的关东医学院。1949年，关东医学院并入新成立的大连大学。新中国成立后，医学院为抗美援朝及社会主义建设培养了大批医药卫生人才。

那时候毕业的大学生是非常宝贵的人才，很多大医院都抢着要，为了能与丈夫团聚，梁绮梅选择了中国第一汽车制造厂职工医院，在职工医院工作了整整十年，治好了汽车厂不少职工的眼病。有一位搞焊接的工人，因为用眼过度和光线的刺激，出现白内障，几近失明。这名工人因为平时十分要强，年年都是先进，患病后脾气暴躁，情绪很不稳定，一度让医护人员无从下手。后来把这个病号交给了梁绮梅，通过梁绮梅耐心的劝导，老工人的情绪逐渐稳定，然后采用中西医结合治疗的方法，半年后终于让病人康复如初。

当时医院的设施并不齐全，在眼疾治疗上还有很多的空白，梁绮梅作为新中国培养的医科人才，凭着钻研精神，完全可以在事业上有一番作为。但是她考虑到邓锡铭是一个工作狂，分配到长春光学精密机械研究所不久就担任研究员及学术委员会秘书，这个职务牵涉面广，事务庞杂，工作量大。邓锡铭没有犹豫，更没有推却，而是主动接受了任务。他认为在一线多经历一些实践对自己更有好处：一是能锻炼个人的综合能力，积累工作经验；二是可以自由出入任何一个研究室，可在第一时间掌握光学领域的最新成果和动态。

那段时间邓锡铭全身心扑在工作上，在重要岗位上挑战自我，他很快就知道了自己还存在许多不足，于是利用业余时间，刻苦自学，不断提高自己的综合能力，尽快掌握更多的专业知识。

为了解决一些科研难题，研究室的灯光常常亮到深夜。细心体贴是女人的天性，梁绮梅最了解丈夫的性格，如果邓锡铭对某项研究产生了痴迷，他就会进入一种忘我状态，一两天不睡觉，三四顿不吃饭是常事。如果长此以往，铁打的身体也会垮掉。

为了照顾好丈夫，梁绮梅决定把家安在长春光学机械研究所这边，虽然中国第一汽车制造厂离长春光学机械研究所很远，上班要横穿整个长春城区，每天在路上要花两三个小时，但梁绮梅甘愿忍受这份苦和累。

从大连到长春，梁绮梅既为了爱情，也为了事业，她凭着刻苦钻研的精神，在很短的时间内就成为医院公认的骨干。她对自己的专业有着浓厚的兴趣，对救死扶伤、解除病痛的职业非常热爱。但是为了照顾好丈夫，让他没有后顾之忧地投入科研，初为人母的梁绮梅就开始作出另一种选择，她主动从前台退至幕后；从工作主角变成家庭主角。

如果把一个家庭比作一株植物，她甘愿成为一片绿叶，托举绽开的花朵。古往今来，许多成就事业的人物背后，都有一个默默奉献的女人、一个体贴入微的贤内助。经过一番思索，梁绮梅知道自己该怎么做了……

相濡以沫夫妻情，同甘共苦人生路。这是初为人母的梁绮梅在日记里写下的一句生活箴言。幸福和睦的家庭是事业成功的基石，每一个幸福家庭都是通过辛勤付出、苦心经营构建而成。婚后的梁绮梅处处为丈夫和孩子着想，那时候梁绮梅非常劳累，白天她要集中精力医治病人，回到家里又要承担全部的家务，每天都得掐分算秒，打仗一样，马不停蹄。放下手术刀，拿起切菜刀，脱下白大褂，系上蓝围裙。妻子、母亲、医生，每一次角色转换，都得随时调整心态，几乎没有缓冲过渡的机会。为了掩饰自己的紧张和疲劳，使丈夫安心科研，她腰酸腿疼、夜晚失眠的时候，忍着不敢翻身，假装熟睡，并发出轻轻的呼噜声，特意给丈夫造成一种错觉。这种隐忍之情，绵延着多深的爱意，外人无法真正明白和理解。

邓锡铭自从进入科研一线后，时常忘了自己的身体，梁绮梅经常提醒他要注意动静相宜，劳逸结合。她像一个保健医生，给丈夫无微不至的关怀照顾。

从宗教的角度来分析，世间所有的善缘都是相通的，夫妻双方的付出将抵达一个共同的终点。人在此处的失去，会在彼处获取，几十年后，梁绮梅没有想到，丈夫研究的激光，看上去与自己眼科医生这个职业风马牛不相及，但在日新月异的科技发展中，学科的交叉、新技术的综合应用常常有出乎意料的关联。邓锡铭以"曲线救国"的形式，让激光抵达了妻子的梦想。比如激光美容、激光牙科，近年美国研究人员发明利用激光刺激人体干细胞，发挥特定机能，使牙齿再生。这一返老还童技术不仅使牙科医学获得长足进步，而且给再生医学领域描绘了更为光明的前景，让激光科技更好地造福人类。这样去看待问题，梁绮梅当初的付出，让他获得另一种回报。

20世纪末期，激光开始在医疗领域广泛应用，不仅在腹内微创手术，而且还应用到最精密的器官——眼科。包括近视的准分子激光和飞秒激光、青光眼YAG激光、白内障激光乳化、白内障手术后的后发障YAG激光治疗、视网膜的多种激光治疗、糖尿病变视网膜等新生血管性疾病和视网膜脱离，原理涉及热效应、诱发炎症反应、压力效应等。

激光是神奇的，它由远及近、从高往低，最终回落地面，造福大众，提供民用、医用。科研发明的伟大之处就在于此，看似毫不相关的两条直线，在意想不到的时候会发生神秘的交汇，创造出改写历史的奇迹。

2003年2月23日，梁绮梅收到朋友沈青从北京寄来的信件，沈青寄来的是2003年2月20日的《参考消息》。她在报纸四版的下端写了一行字：

梅姐：《中美在高科技上的较量》一文，请你看看，你一定比我们更了解它的价值。祝你健康！沈青，2月23日北京。

报纸上用红笔画了一道清晰的标记，摘要如下：

【台湾《中央日报》2月17日文章】题：中共与美较量 台湾渔利（张之佑译自新加坡《海峡时报》）

试想若将全世界的所有电力网连接，十亿分之一秒钟的时间里能输出多大的能源？这种强大电力也许只在核爆中心点或恒星内部可以寻获，若再将其加以适当控制，那么即可透过核子融合来将海水转变为取之不渴的干净能源，或用作高功率的镭射（激光）枪。

中共科学家正是研发出这种超级电射，他们称之为"神光二号"，并表示此种成就已使中共处在镭射研究的领先地位。

上海和长春两个激光中心的科学家在镭射武器研发上获有重大进步一事，应不致令负责追踪中共国防进步状况的西方专家感到意外。

台报译自新报的文章说，中国处在激光研究领先地位，这是中国国家导弹防御系统的组成部分，可用来"遮蔽"美国的侦察卫星；神舟三号飞船曾三次改变轨道，使美国无法侦寻……

梁绮梅看完这篇文章，看到老友的留言，往事一幕幕浮现在眼前，她不由眼眶湿润，思绪万千。当自己的国家和民族取得令人振奋的科技成果时，别说一个科学家的妻子，就连她身边的同事和友人，也已经深切惦念和极大关注。科技发展，国力强盛，这是中华民族的百年梦想！在邓锡铭那一代科学家的不懈努力下，我国的激光科技事业迅速跻身于世界先进行列，不管时代如何变幻，一直没有落人之后，这是多么令人自豪和骄傲的事情！

1957年，上级准备派邓锡铭去往苏联列宁格勒精密机械与光学仪器学院深造。当时去还是不去，邓锡铭颇为纠结：一是他承担的科研项目已进入攻坚阶段；二是不忍心丢下妻子，一去几年。经过再三考虑，最后他把这个宝贵的名额让给了丁院士。

人生中总有一些意想不到的巧合，常言道："有缘千里来相会。"这话用在丁院士身上十分恰当。他在列宁格勒精密机械与光学仪器学院认识了同在该校学习的女友。两人从相识到恋爱，再到步入婚姻殿堂，没想到留学归国就成了元帅的女婿。丁院士凭着自己过硬才能，先后担任国防部、七机部、国防科学技术委员会等科研部门领导，在战略导弹的自动控制系统及惯性器件的研究方面取得了重大的成果。

由于有这么一段交情，邓锡铭在后来的一些科研项目上得到了丁院士的鼎力相助，为此，两位院士在后来工作中结下了深厚的友谊。

邓锡铭虽然没有留学背景，但他超强的科研能力和学术水平，让国内外同行刮目相看。他的科研成就已经充分证明，我们依靠自己的力量，不出国、不留洋，同样可以培养出世界一流的科学家，同样能造就全球顶尖的科研人才。

每当邓锡铭获取一些成果的时候，梁绮梅心里就有分享的快乐。她更加用心去经营着家庭，从丈夫和孩子的笑脸中感到了满足与欣慰。在她心里，还有什么比拥有一个幸福家庭更为重要呢！

恩爱的夫妻不仅在日常生活中相敬如宾，更重要的是在内心关爱与支持，无论多少风雨，他们永远执手相牵。一个知识女性退回到相夫教子的传统生活中，在外人看来有点不思进取，但在梁绮梅心里同样是一种沉甸甸的收获，她能享受到家庭生活带来的无穷乐趣。她经常劝导身边那些姐妹们：如果你选择了结婚、生子，那么当事业和家庭发生冲突时，一定要尽量多倾向于家庭，一个幸福的家庭使你的内心平静丰满，了无遗憾，使你在平凡中闪现光华。

科研工作者的家属有许多相似之处，面对的是一种相对沉闷的生活，没有那种吹弹歌唱的浪漫情调，他们都是扑在事业上的工作狂，很难抽出时间陪伴家人去游山玩水，做妻子的在家里需要承担更多的责任。成为丈夫生活中的伴侣、事业上的支持者，在家孝敬老人、教育孩子，不仅兄弟姐妹间团结和睦，而且在邻里之间也是互相帮助、关系融洽。在孩子面前注重言传身教，从小培养他们良好的道德品质和生活习惯。这些话说一说倒是不难，但要做到却很不容易，因为这不是一朝一夕的事，而是一生一世的呵护和坚守。

多年后，当有记者采访梁绮梅，问她对事业有怎样的理解时，梁女士摇头微笑，她用一种平缓的语气说："自己的事业很失败。"作为新中国培养的首批医科大学生，不少人在专业上取得了骄人的成绩，成了国内知名的专家、学者。作为激光科学家的妻子、三个孩子的妈妈，她像一支蜡烛，燃烧着自己，照亮了家人。

1964年，中央要求所有三线工厂全部搬往山区，梁绮梅留在上海光学精密机械研究所医务室，后来不断升级的政治运动来了，医务室不让她干了，因为医务室是敏感部门，关系到科研人员的安全。只好把她放到图书馆，后来图书馆也不能干了，再放到了幼儿园当保育员。因为她懂医学，当孩子的保育员是最理想的，可是幼儿园当时缺人手，她既当保育员，又做会计、内勤、清洁工，身兼五职。

50岁那年，奔波劳累了几十年的梁绮梅终于退休了，开始当上了真正的全职太太，悉心照顾丈夫和孩子，包揽家里所有的事务。此时梁绮梅才真正感受到光阴飞逝，一生就在恍惚之间，回想那些过往的岁月，就如一把精细的刻刀，在梁绮梅的眼角和额头刻下了密集的皱纹，储存了无数辛劳和汗水。一个知识女性用她柔弱的肩膀扛起了家庭重担。

有人曾专门做过调查，在科研的塔尖上为何鲜见女性的身影？2010年有统计资料显示，中国科学院、中国工程院两院院士中女性科学家所占比重仅为5.6%。女科学家只占极少数，这是一个全球性的普遍问题。因为除家庭负担、心理因素之外，还有女性对情感更有献身精神。在诸多原因叠加之后被掣肘，最终导致能够获得成功的女科学家成为"稀有品种"。

梁绮梅坦然地说，虽然自己荒废了专业，但成就了丈夫的事业，抚养了三个孩子成长。回顾自己的人生之路，她说："只要自己的付出是有意义的，这种牺牲就值得。"对一个奉行贤妻良母的社会来说，从不谈遗憾，梁绮梅对自己当初的选择一直无怨无悔。

第四章 红宝石的光芒

良师诤友

俗语说："男怕干错行，女怕嫁错郎。"一个人能否在事业上取得成功，除自身的努力之外，还离不开亲人的支持、朋友的帮助。邓锡铭无论在事业上，还是爱情上，都是幸运儿，因为他在爱情上找到了一位好伴侣，在事业上遇到了好领导。

邓锡铭曾说，对他一生影响最大的是两位杰出人物：一位是德高望重的核物理学家王淦昌；另一位是"中国光学之父"王大珩。

1952年7月，那是一段激情燃烧的岁月，也是酷热如火的夏天。刚从北京大学物理系毕业的邓锡铭，背着行囊，提着一大箱子书籍和资料，意气风发地来到了长春。

作为东北重要的工业城市，1952年的长春有一种蒸蒸日上的气势，前一年中共中央决定把第一汽车制造厂设在长春西郊。1952年7月，国家汽车工业筹备组在长春成立，一汽被列为

"一五"期间规划的156个重点项目之一，代号为652厂。1956年新中国第一辆解放牌汽车就在这里诞生，它向世界宣告，中国已经结束了不能制造汽车的历史。

1952年8月17日，周恩来总理访问苏联，长春铁路的中苏共管历史宣告结束。还有更重要的是1952年，长春工业大学正式建校。一个欣欣向荣的城市展现在邓锡铭面前。

邓锡铭带着青春的激情，踏进刚组建的中国科学院长春光学精密机械研究所（前身为中国科学院仪器馆），见到了仰慕已久的所长、光学泰斗王大珩。初出茅庐的大学生，面对久闻大名的光学泰斗，自然会毕恭毕敬。两人虽是初次见面，但有着相认相亲、一见如故之感。

阅人无数的王所长，看到眼前这个身材高挑、一表人才的小伙子非常顺眼。从他聪慧的眼神、不俗的谈吐、灵敏的反应中已经感觉到，这是难得的好苗子、可造之材。

邓锡铭在长春光学精密机械研究所时与领导一起谈论工作　刘克平　翻拍

邓锡铭离开王所长办公室时，王所长一直把他送到了楼梯口。邓锡铭受宠若惊，赶紧回头，请王所长留步。满脸含笑的王所长不仅没有停步，而且还坚持把邓锡铭送到了楼下。临别时，伸出手，在他肩膀上用力拍了拍，然后意味深长地点点头。

对王所长的肢体语言，细心的邓锡铭已经意会到了，这是一种委以重任的信号，从王所长满脸的微笑里看到了那种思贤若渴的心情。

在后来的科研之路上，王大珩的作风成为邓锡铭学习的典范，无论工作中，还是生活上，王所长都是他崇拜的偶像。

祖籍江苏吴县的王大珩，1915年2月26日出生于日本东京。父亲王应伟是一位天文与气象学家。王大珩在少年时期就经常跟父亲观察天文和气象，对使用科学仪器产生了极大兴趣。作为人类视觉器官延伸的光学仪器，那种变化与妙趣给他留下了深刻印象。父亲感叹当时的中国尚不能制造任何精密仪器，那种深深的遗憾触动了王大珩幼小的心灵。当时没有谁能窥探到天机般的秘密，在少年王大珩心里已经构建了未来的梦想，点燃了无限的光明。

每个人心中都有自己崇拜的偶像，每一个人心中都有自己的神灵。叶企孙先生是王大珩最钦佩、最敬重的老师。抗战爆发后，叶先生始终教导学生要认清自己的历史使命。从此，《我的家在东北松花江上》成为王大珩最爱哼唱的歌曲。

邓锡铭到长春工作后，对王所长的经历有了更深的了解，1936年王大珩从清华大学物理系毕业，1938年考取留英公费生，赴英国帝国理工学院攻读应用光学，成为我国派往西方学习应用光学的第二人。

为了掌握国外的光学领先技术，王大珩卧薪尝胆，宁可放弃唾手可得的博士学位，去学习制造技术。1941年，已取得硕士学位的王大珩转入雪菲尔大学，在世界著名玻璃学家特纳教授的指导下专攻光学玻璃。天赋甚高的王大珩，如果继续深造，他将顺利获取博士学位。可是一个有抱负、有担当的人在关键时刻会有更理性的选择，1942年他出人意料地放弃了学位的获取，而选择了昌斯公司。很多人不理解，王大珩为何会选择昌斯公司呢？他想找工作完全可以去一家更大、更好的公司，可他到昌斯公司是有目的、有想法的，到了昌斯他就顺利地进入到光学玻璃制造技术研究领域。

对王大珩来说，他到这家公司显然是屈才了，但这是一家世界有名的光学玻璃制造公司，在这里可以掌握他需要掌握的技术。王大珩作出这个选择并不是为了自己的名利，而是根据中国的实际情况，国内不但光学仪器理论一片空白，光学材料的制造技术更是一块荒漠。他明白只有既懂科学理论，又掌握专业技术，才能填补这项空白。当时在光学领域中只有他具备这种条件，这是时代赋予他的重任，作为具有爱国主义精神的知识分子，责无旁贷，无法推卸。

王大珩的精神是令人敬佩的，能与这样的领头人共事，邓锡铭感到无比幸运。当时正值第二次世界大战，光学仪器在战争中的作用进一步突显，受到交战各国的重视，光学玻璃的制造成为一项严禁外泄的保密技术。此时王大珩和一名同事早已深入研究稀土光学玻璃，并获得了专利。在精密测量光学折射率仪器方面，发明了V棱镜折光仪，获得英国科学仪器协会第一届青年仪器发展奖，并在英国制造成商品仪器。后来，他在国内把V棱镜折光仪进一步研制推广，至今仍是许多光学实验室和工厂的基本测量仪。

王大珩在英国学习深造了十年，使他走上了一条全面掌握光学玻璃研究、设计、制造技术的务实之路。让英国同事肃然起敬的是，这位矮个子中国人不仅很有主见，而且智慧超群。他们看到了王大珩的潜能，想尽办法挽留和说服，让他留在英国谋求发展，而王大珩却从未打算在国外安家立业，追求安逸。他虽然已过而立之年，但仍是单身一人，他的目的就是日后便于轻装回国，没有任何情感牵绊。学成归来，报效祖国是他最大的愿望。

当时中国的光学技术非常落后，而西方的研究已经走了很远。1948年，当怀揣科技强国梦想的王大珩踏上旧中国土地时，偌大的中国仅有一个能制造简单望远镜和低倍显微镜的破旧工厂。这样的情景让王大珩痛心和难过。中国在光学上曾经有过辉煌的历史，早在先秦时期就在铜镜制造上运用了抛光技术，明末清初时，江苏吴江人孙云球利用凹透镜、凸透镜和反射镜制造出察微镜、夜明镜等70多种光学仪器，并写出《镜史》一书，流传后世。而20世纪中叶，由于闭关锁国，中国的科技水平已经远远落后于后起的西方文明。

王大珩刚从国外回来，面对国内一穷二白的境况显得无所适从，而此时英国昌斯公司好像有人在跟踪王大珩，知道他英雄无用武之地的处境，于是一封全英文的越洋电报追到了上海，开出十分诱人的条件，请求他重返公司任职。如果是意志不坚者，说不定转头就回了英国。王大珩没有动摇，他的老师、科学家吴有训受中国共产党委托，邀请他北上。

面对两种选择，王大珩没有丝毫犹豫，他来到已经解放的大连，在大连大学担任应用物理系系主任。两年后，35岁的王大珩与儿科医生顾又芬相爱结婚，从此，有了一个全力支持他的贤内助。在这一点上，他与邓锡铭异常相似，两人都在长春光学精密机械研究所工作，夫人都是学医出身，而且是他们终生免费的保健医生。

1951年，经钱三强推荐，中国科学院决定让王大珩负责筹建仪器馆，新中国的光学事业从此开始了艰难的起步。

开拓者脚下的路荆棘丛生，每走一步都非常艰难。王大珩曾说："在旧中国留下的废墟上，寻找不到一处可以完全利用的基础，中国几乎就没有应用光学！"

面对空白，只能从头开始，那段时间王大珩迸发出巨大的能量，夜以继日、不知疲倦地连续作战。当时他四处奔波，行踪不定，接到国防科研的任务，二话不说，提起包就走人。到哪儿去？多长时间？去干什么？妻子全然不知，她也不便去问，刚到单位时，领导就向家属宣布过保密纪律，只知道丈夫干的是重要工作，不该问的绝不会去问。有时王大珩一走就是很长时间，连一封短信也不往家里写。几十年过去后，真相才被揭秘，两鬓斑白时才知道那时丈夫在忙些什么。

仪器馆刚成立不久，许多工作需要开展，那段时间邓锡铭全力协助王大珩所长做好工作，他担任了学术委员会秘书，精心组织全所上下开展科研。由于光学是一个白手起家的行业，急需大量的科学仪器，巧妇难为无米之炊，没有仪器，什么也干不成。于是决定自己制造精密仪器，可当时国内根本拿不出所需的材料——光学玻璃。

怎么办呢？面对技术封锁，只能自谋发展，自力更生。王大珩想，活人总不至于被尿憋死，他说："我们想吃红烧肉，那就得从养猪做起。"

很快就制订了科研计划，他带领大家从制造光学玻璃开始，一步一步地从基础上完善。首先在全国网罗专业人才，把秦皇岛耀华玻璃厂的龚祖同挖到了长春仪器馆来，由他负责建造炼炉。接着又把从国外带回来的光学玻璃配方找出来，有关制造过程的技术资料像作战地图一样，全部铺展在车间的工作台上。

1953年12月上旬，这是中国光学史上值得纪念的日子——长春仪器馆熔炼出了中国第一炉光学玻璃。看着那一炉亮光闪闪的结晶体，大家热泪盈眶！这是用无数心血和汗水浇灌出来的宝贝，从此，结束了中国没有光学玻璃的历史。

有了光学玻璃，其他工作就能逐渐开展了。在大家的共同努力下，显微镜等仪器相继问世，光学工艺、光学镀膜、光学设计、光学检验、光学计量测试等精密技术也初步打下基础。

1960年5月，王大珩向贺龙元帅汇报工作

1953年年底，长春仪器馆有五项科研成果获得了中国科学院东北分院的荣誉奖励。1957年已能生产出国防军工所需的特殊光学玻璃，能与国际尖端技术并肩而行了。

为了在激光科研上追赶世界先进水平，中国科学院仪器馆很快建成，王大珩所长亲自组织，召集来自全国四面八方的技术人员，组建了光学物理、光学玻璃和光学机械三个实验室和两个实验工厂。后来三个实验室像三个孵化器，繁衍出长春光学精密机械研究所的诸多研究室；两个实验工厂中的小型实验工厂发展成为中国著名的光学骨干企业——上海光学仪器厂，长春实验工厂发展成为机械工业的骨干企业——材料试验机工厂。

1958年，《人民日报》以大篇幅报道了长春光学精密机械研究所研制出一批创新科技成果：第一台红外夜视光学设备、第一台电子显微镜、第一台高温金相显微镜、第一台多臂投影仪、第一炉光学玻璃等，当时被科技界誉为"八大件"，成为新中国光学领域的开山之作。

神光问世

也许邓锡铭就是为神光而生的，他的智慧之光和生命之火就在神光中点燃。当世界上第一台激光器诞生后，邓锡铭很快就意识到了这一尖端技术的重要价值，通过各种渠道的反馈，中央高层也意识到了这一点。

2010年9月16日，《学习时报》发表《毛泽东指示搞激光炮始末》一文。1960年7月18日，毛泽东在北戴河中央工作会议上号召："要下决心，搞尖端技术。"1963年12月16日，毛泽东在听取时任国务院副总理兼国家科学技术委员会主任聂荣臻元帅的汇报后再次指出："死光，要组织一批人专门去研究它。要有一小批人吃了饭不做别的事，专门研究它。没有成绩不要紧。军事上除进攻武器之外，要注意防御问题的研究，也许我们将来在作战中主要是防御。进攻武器，比原子弹的数量我们比不赢人家。战争历来都需要攻防两手，筑城、挖山都是防嘛。"

邓锡铭正在朝这个方向挺进，为找到激光科研的突破口，他大量查阅关于光学原理、量子力学等方面技术资料，每天都是三更灯火五更鸡，夜以继日地学习钻研。即使是春节放假，他也闭门不出，曾一口气读完了爱因斯坦的《相对论》。为了检验自己是否把概念弄懂弄通了，他特意给夜大学生讲授"相对论"课程，通过与学生的交流碰撞，加深了对概念的理解。当时邓锡铭没有采取闭门造车式的研究，而是非常重视收集国外同行的科研信息，无论是自己还是同事出国，他都会想尽办法搞回一些专业方面的技术资料，进行反复研究，就算是一鳞半爪，或者只言片语，他也如获至宝，反复揣摩。

1958年，邓锡铭调往中国科学院机关任职，进京工作，从世俗的角度来看，那是多少人梦寐以求的事情。在这里不说近水楼台，至少会有更多上升的机会，如果想获取名誉地位，这自然是一次千载难逢的机会。可是邓锡铭对仕途毫无兴趣，仅仅三个月过去，他就忍耐不住机关那种悠闲缓慢的工作节奏，立即写报告要求返回长春工作。

他确实是太热爱自己的专业了，如果让他长期待在机关，过那种一杯清茶一支烟、一张报纸看半天的日子，他会感到度日如年、痛苦万分，说严重点，那简直在浪费生命。当然，他心里并不是轻视这种工作，这种上传下达、管理协调的服务性工作，同样意义重大，不可缺少，同样需要有人去负责完成，但是邓锡铭感觉自己并不适合这样的岗位。

领导非常理解邓锡铭的心情，很快把他调回了长春。正当他甩开膀子、准备大干一番时，"大跃进"引发的三年自然灾害，严重影响了科研计划的开展，大家都在饥困中煎熬。

邓锡铭在困难时期仍然坚守一线，带领大家夜以继日地进行科研。有时候他看到大家干得实在太辛苦，特别是加班时总感到饥肠辘辘，于是他安排妻子把家里省下来的一点大米煮成绿豆稀饭，装进大桶，与女儿一起抬到实验室来。

有天晚上，梁绮梅与女儿去送稀饭，刚好被王所长碰到了，王所长当时有点纳闷，后来一问才知道是怎么回事。当时王所长既感动，又难过，马上找来后勤负责人，要求立即解决科研人员的伙食问题，不能让邓夫人跟着受累。

其实有一种累是快乐的，经历过艰苦岁月的人都深有体会，对梁绮梅来说，自己干不了大事，哪怕给邓锡铭端茶倒水、添衣送饭，在生活上默默支持，那也是一名女人最大的幸福和快乐。

回想当年那些激光开拓者在科学技术水平和工业基础异常落后的情况下，要尽快出成果，需要克服多少困难，既有理论上的、技术上的，还有政策上和资金上的。

一个篱笆三个桩，一个好汉三个帮。任何一项重大发明都离不开集体的参与和团队的支持。我国第一台激光器的研制成功，虽然很难归功于某一个人身上，但是在整个团队之间，必须有核心骨干，有灵魂人物。除邓锡铭之外，还有王大珩、王之江、于敏、汤星里、杜继禄、余文炎等。他们是一个互相映衬、密不可分的整体，正是因为有大家的抱团合作和无私付出，家底薄弱的新中国在激光领域才能跻身世界一流水准，为民用科学和国防事业发挥了重大的推动作用。

1958年前后，中国科学院电子科学研究所的黄武汉研究员，通过查阅研究国外学术刊物，了解到国外微波量子放大器的研究信息，率先在国内开始了红宝石微波量子放大器的研制工作。这是一项具有开拓性的研究，1959年年底研制出了液氮温度下的10 cm 波段和 3 cm 波段的量子放大器。当时中科院长春光学精密机械研究所的研究人员受黄武汉思路的启发，开始构想研制光量子放大器（当时还不叫激光器）。

　　一项新技术的发明，必须经历无数次研究和探索，既要充分吸取外来经验，又要有自己的独到发现和创造。按照国外最初流行的方法是使用螺旋状氙灯，梅曼就是选择螺旋状氙灯作为抽运源，其他国家的科研小组也纷纷仿效，研究方向一直没有跳出梅曼的思维。

　　王之江先生有着深厚的光学设计背景，在研究过程中，他大胆地绕开国外的螺旋状方法，另辟蹊径，把氙灯设计成直管状。他认为使用螺旋状氙灯目的是保证光投射到宝石中去，实际上一个光源发出的光只有很少一部分能照射到宝石中去，而且灯的有用尺寸不能超过宝石棒，所以他有一个大胆的推论：国外使用的螺旋状氙灯实际是个半废品。这并非狂妄，而是实事求是，在科研上要敢于超越创新，甚至是推翻与颠覆。欧几里得几何学平行公设的改写，意味着非欧几何的诞生，出现了新的视界，牛顿力学的时空假说的失效，确立了爱因斯坦相对论的地位。一切创造活动，一切新事物的出现，都是意味着一个新时代的到来。

　　发明家历来都是敢于想象的人，什么样的结构能够保证光能量可最大输出，并集中到红宝石器件上？螺旋状结构的玻璃管，光能量妥散的情况比较严重，能量不够集中；另外还有一个重要原因就是，当时螺旋管灯需要的电压高，电容量要求也高，那时候的设备还达不到这样的要求，所以需要对结构做进一步改进。

　　直管状氙灯在王之江脑海中萌生，当直管状氙灯设计一经问世，立刻获得全球所有同行的认同。固体激光发展的历史证明，用直管氙灯抽运的固体激光器成为发展的主流。

当时那一代科学家有着难以想象的吃苦精神，在难题攻关上，他们像蚂蚁啃骨头一样，一点儿一点儿吃透技术、攻克难关，实现了从仿制到独立设计、独立制造的跨越。

那是一个创造奇迹的年代，大家不分你我，劲往一处使，汗往一处流。特别是研制"两弹一星"的科学家，他们把干过的事情藏在心里，烂在肚子里，从不愿炫耀宣扬。由于驻地偏远，教育条件差，很多夫妻出自名牌院校，可自己的孩子却考不上大学。他们为了国防科研，宁可亏了身子，苦了妻子，误了孩子，也没有放下肩上这副重担。他们是共和国的创业功勋，喊出了"死在戈壁滩，埋在青山头"的庄重誓言。

他们是真正的奉献者，为了事业，为了完成手头的科研项目，攻下难关，早日取得成果，把困难和失败当常态，把成功当偶然，失败了不气馁，接着再来。就是凭着那样一股韧劲，战胜了一次又一次的挫折和困难。

邓锡铭利用出差空隙搞研究 刘克平 翻拍

邓锡铭作为项目负责人，他的压力是最大的。在攻关过程中，他对同事非常关心，他自己更是既入厅堂，又下厨房，大小事务都亲力亲为。他身上有一股天然的凝聚力，在他手下干事，不管你是什么样子和性格的人，能力不分大小，他都能让每一个人在特定的岗位上发挥最大的作用，所以他手下没有一个闲人。

由于邓锡铭专业技术和学问非常全面，动手能力又强，当年练就的童子功，让他受益终生。他不仅熟悉光机电，理论实践同样是行家里手，能坐书桌，可下车间。当时设计项目的电路非常复杂，一般人很难上手，他从机械图纸到机床加工，全部一手搞定，搞光学元件设计加工更是一流专家。除这些之外，他还有一个奇特之处，就是不用纸笔，仅仅靠大脑和记忆就能在现场运算复杂的方程。对这种记忆超强的高人，金庸先生在他的武侠小说《雪山飞狐》和《天龙八部》中曾有过描述，胡一刀、段誉等人都有过目不忘的好记性。但那是文学作品中的虚构，没想到现实中真有邓锡铭这样的记忆奇才。这种独家本领让大家心服口服，不管对方是资深专家还是车间工人，他都能找到生动形象的比喻，让别人很快了解他心中的想法，并能与他共同探讨问题和解决问题。

生活中他平易近人，工作中却又是另一副面孔：一丝不苟、威严谨慎。不过他从不乱发脾气，说话从不带一个脏字，就是遇到很棘手的事情他也从不骂人，只会想尽办法来解决，这样的领头人，论能论德都无可挑剔。

　　据在长春光学精密机械研究所工作的刘师傅回忆：当时同事们都挺怕邓先生下来检查，有一次，他来到车间，也不说话，戴着一双白手套，在机床上一摸，然后把黑乎乎的手套取下，丢在大家面前，什么话也没说就走了。

　　这是一种无言的威信，比一顿谩骂、一阵咆哮要有效得多。

　　刚刚还谈笑风生的工人，一下子就鸦雀无声了。接着互相对视一下，立即动手，对整个车间进行了一次大扫除，对机床的每一个死角都清洗擦拭，直至将每一台机床都擦得光亮如新才停下来。

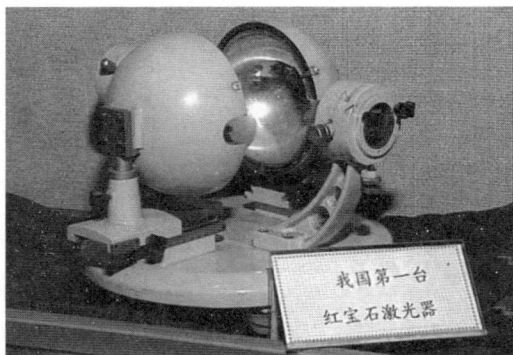

邓锡铭发明的中国第一台红宝石激光器

　　1961年9月，载入史册的时刻来了，我国第一台红宝石激光器在长春光学精密机械厂输出了激光，这个时候与世界上第一台红宝石激光器的问世仅仅相隔一年多时间。鉴于这项成果具有突破性的意义，王之江与邓锡铭作为我国激光事业的开拓者，立即投书《科学通报》，阐述了激光问世的科学意义及其发展前景。这是我国有关激光研究的首篇论文，即使在今天看来，它仍然有着真知灼见和启发意义。

从Maser到Laser，从汤斯的创造性思想到梅曼的世界上第一台红宝石激光器是一个必然过程。同样，我国第一台红宝石激光器在长春光学精密机械厂诞生也不是巧合或者偶然。

因为当时除长春光学精密机械研究所之外，同时还有好几个科研机构在做这项实验，但是都没有取得成功。当长春光学精密机械研究所宣布成功输出激光后，整个领域的学者专家都非常兴奋，难题终于被高人拿下了，中国的激光科研事业以一日千里的势头，在短期内与世界水平保持了同步。从此，长春光学精密机械研究所成为我国第一个精密光学仪器研究制造基地，承担起了一项又一项难度大、攻关性强、高精尖的重大任务。小小的红宝石激光器，比堆积如山的宝石还要珍贵，还要耀眼。

邓锡铭到长春光学精密机械学院讲学　刘克平　翻拍

1961年年底，刚过而立之年的邓锡铭爆发了令人吃惊的科研实力。他凭着自己领先的专业优势，几乎与国外同行同时提出了高功率激光Q开关原理。他非常形象地给人们解释：Q开关就像一个稍有漏水的抽水马桶，当水箱被灌满之后水箱底部的盖快速揭开，水（激光能量）就一涌而出（激光峰值功率输出）。接下来在他的主持下，再次成功研制了国内第一台氦氖气体激光器。

这个时候他已经实现了当一名发明家的梦想。中国第一台红宝石激光器、第一台氦氖气体激光器、独立提出激光Q开关原理，这些重大的科技发明像一束无法抵挡的强光，对一个才气逼人的年轻科学家来说，每一项成果都足以让他荣耀终生。

拥有这样的成就，即使邓锡铭就此停顿，再无建树，凭他的老本，也可以躺在过去的功劳簿上享用一辈子。但是邓锡铭是一个注定要为科学献身的人，他永远不会自我膨胀、自我满足。为了赶超世界先进水平，1963年，邓锡铭用满腔的激情写信向中国科学院领导倡议：希望我国尽快建立专业激光研究所。他的呼声很快得到了上级的回应，在党和国家领导人的高度重视下，激光科技的春天终于来了……

第五章　绝密任务

为原子弹研制光学测量仪

那是一个周末的晚上，大家被紧急召回，火速赶往长春光学精密机械研究所参加会议。在一楼小会议室内，王大珩所长一脸凝重地宣布了一项绝密任务：立即着手研制原子弹光学测量仪！听到这个消息，整个会议室鸦雀无声。

对后辈来说，那个发生在半个多世纪前的往事，已经成为渐行渐远的历史，想完全复述那个过程似乎不太可能，因为那种绝密的消息从一开始就拒绝阐释，更拒绝一知半解的猜测和联想。当我们企图通过照片、图像、文字等实物找到入口，从事件的肌体上取下一个标本，检测其透视真相的时候，猛然发现，得到的只是一些记忆碎片。那些碎片在岁月深处闪烁着金属一样的光泽，等待着我们去耐心拼接。

在宏大事件中，个体的面目总是显得单薄渺小，因为那些事件背后都关乎国家前途和民族命运。我们透过历史背后的历史，可以想象到当时大家的心情。除新鲜和兴奋之外，更多的是紧张和惶恐。作为科研团队中的一员，那一刻每个人都感觉到了一种从未有过的压力。坐在前排的邓锡铭，看到王所长的目光紧盯着自己，突的一声，他感觉狂跳不止的内心被悬空起来，身体飘离了地面。

原子弹的研制是一项军事机密，不仅是复杂庞大的系统工程，而且还涉及政治、经济、外交、科学技术等各个领域。作为中国核试验的亲历者，朱光亚先生的切身体会是："核武器是一项规模大、技术复杂、综合性强的核科学试验，联系着研究、生产、使用各个部门。在试验中加强各单位之间的谅解、支持和团结，充分发挥社会主义大协作的优势，是我们顺利完成攻关任务的重要保证。"

原子弹光学测量仪是一项复杂的科研任务，不但难度系数高、时间紧，而且上级要求只许成功，不能失败。王所长在接受任务时，负责原子弹测试技术的领导反复叮嘱："光学测试具体怎么搞，方案、思路由你们定，一切都看你们的了！但有一点千万记住，一年半之内必须完成！"

王所长没有丝毫犹豫，他代表长春光学精密机械研究所立下了军令状。那段时间，研究所实行军事化管理、封闭式工作。上级有严密的纪律，禁止与外界发生任何联系，父母、妻子对他们的工作情况都毫不知情。

一年多时间，他们夜以继日、连续攻关，除朝夕相处的同事之外，再无人知晓他们的具体行踪。家里的事情就算天塌了，他们也没法去管。生活在和平年代的我们，根本无法真切地体会那些做父母、妻儿的心情，当时是怎样寝食难安，是如何牵肠挂肚、愁苦纠结。滂沱的泪水全都流淌在无人看见的夜晚，洒落在衣襟和枕边……

离别家人，忘我工作，那种无私无畏的奉献精神，成为老一辈科学家的人生追求。事实反复证明，长春光学精密机械研究所是值得信赖的团队，他们仅用一年时间就攻克了世界性难题。

1964年10月16日15时，中国第一颗原子弹成功爆炸，当巨大的蘑菇云在罗布泊上空升起的那一刻，整个世界为之震惊！逾越了无数艰难险阻，排除了众多的封锁扼杀，中国人靠自己的力量终于掌握了核技术。

1964年10月16日我国第一颗原子弹爆炸成功

就在这一天，党和国家最高领导人毛泽东、刘少奇、周恩来在人民大会堂接见参加音乐舞蹈史诗《东方红》的全体主创人员和演出人员。当得知我国第一颗原子弹爆炸成功的消息时，全场一片沸腾。同一天，中国政府对外郑重宣布，中国掌握核武器，完全是为了防御，为了保卫中国人民免受核威胁。在任何时候、任何情况下，中国都不会首先使用核武器。

数十个春秋过去，无论国际形势如何风云变幻，我们始终坚守底线，一诺千金！

当时的情况，如果中国没有这份能力和胆识，核讹诈的阴影将永远笼罩在我们头上。正如邓小平所说："如果20世纪60年代以来，中国没有原子弹、氢弹，没有发射卫星，中国就不能叫有重要影响的大国，就没有现在这样的国际地位。这些东西反映了一个民族的能力，也是一个民族、一个国家兴旺发达的标志。"（《邓小平文选》第3卷，人民出版社1993年版）

中国第一颗原子弹试验成功后，一些爱好和平的亚非国家和英、法等国的舆论界普遍认为，中国已突破了核垄断俱乐部的大墙，在整个地球上引起了一场真正的革命。中国既然已成为亚洲的原子大国，就不能再被忽视，联合国没有中国参加，禁止核武器的努力不可能起到作用，联合国再不接纳中国是毫无道理的。中国核武器试验的成功和常规军事力量的壮大，不仅增强了中国在国际舞台上坚持自己原则的底气和实力，而且也使苏、美等国不敢再无视中国的存在。实现了民族复兴、外交独立、国际认可和尊重，追赶先进、实现现代化的多种诉求，所体现的政治意义远大于军事意义。由此，国际社会要求恢复中国在联合国的合法席位的呼声越来越高。1971年10月25日，中国恢复了在联合国的合法席位。随后，中美、中日建交。

中华民族没有称霸世界的野心，但我们搞"两弹一星"是为了防御，为了出一出"百年屈辱"这口恶气，争得一个发展中大国应有的地位，争得一个历史悠久的民族应有的尊严。

那是一个热血沸腾的年代，人民永远不会忘记，第一颗原子弹爆炸成功给中华儿女带来的欢欣鼓舞。"两弹一星"研制过程中体现出来的精神力量已成为中华民族最宝贵的精神财富。试想如果我们能永远葆有这种激情，天下还有哪些困难不能克服？还有哪些事情不能办成？

原子弹试验成功后，我国又开始研制中程导弹，上级再次要求长春光学精密机械研究所提供测量空间飞行体的轨道参数和飞行姿态的大型观测设备。当时世界上只有一个国家拥有这项技术，但是人家滴水不漏，对这项技术严密封锁，不可能从别国手中获得一星半点的信息。为了破译这个难题，王大珩所长带领大家又一次进入技术攻关……

作为国防科研任务，在公开的文献上找不到任何记载，我们可以想象，长春光学精密机械研究所的科研人员，要在上级规定时间内，按质按量做出成品，提交样机，期间付出了多少心血和汗水！

为了追寻前方的目标，在这支队伍里没有人叫苦喊累，不同门类的技术骨干毫无保留地使出看家本领，亮出自己的绝活，敞开胸怀，交叉协作，无缝对接。在大家的努力下，仪器一次性研制成功，很快就交付使用。通过使用证明，设备性能良好，各项参数指标都达到同类产品的领先水平，为我国中程导弹发射试验提供了具有鉴定性价值的数据，并为之后洲际导弹发射试验及卫星飞行试验提供了宝贵的测量数据和影像资料。

邓锡铭抚摸着这套仪器，就像抚摸着精工雕琢的艺术品，这项研究成为我国导弹发射试验使用国产大型精密仪器的良好开端，给参研人员增添了充分的自信。

1964年是中国光学事业的丰收年，对邓锡铭来说，也是极其重要的一年。这年春天，邓锡铭带着中国科学院长春光学精密机械研究所研制的"八大件"到北京汇报。在人民大会堂，受到了党和国家领导人朱德委员长、周恩来总理的接见。这是一批累累硕果，它对未来的影响不可估量，在极短的时间内使

1964年长春光学精密机械研究所在研制电子显微镜

我国的光学精密机械研制水平有了突破性的进展，这是空前的奇迹。

在北京展示完这些沉甸甸成果后，国防科技的决策层看到这些成果的潜力和希望。激光战略作为一项重要的议题，摆到实施的日程上。当时在北京专门召开过一次特别会议，会议由张爱萍、钱学森两位重量级人物主持，会议的规模不大，但规格很高，30 多名参会者都是举足轻重的人物。邓锡铭作为参会人员之一，在后来撰写的文章中有过简短的回忆。

长春光学精密机械研究所提炼的光学玻璃　　长春光学精密机械研究所研制的读数显微镜

这次会议主要研究和部署战略防御方面的手段和重大项目。会上钱学森传达了毛主席关于加强战略防御工作的指示。会议用了三分之一的时间研讨激光作为防御手段的可能性。大家讨论热烈，会议结束后，钱学森让邓锡铭留了下来。

能与钱学森先生单独交流，这是邓锡铭盼望已久的事，与科学泰斗探讨将能受益匪浅，虽然他不知道钱学森先生把他留下来是想交流哪方面的问题，但是邓锡铭有着充分的自信，他一生经历过多次高层接见和会晤，有党和国家领导人，有军委领导、科学院领导，甚至国际要人。他不卑不亢、有礼有节，永远保留着一个科学家的从容与自信。

钱学森先生看到邓锡铭腰杆笔挺地站在那儿，他满脸微笑地走了过来。举止亲切的钱学森先生，拉住邓锡铭的手，让他坐下，然后语重心长地说："小邓啊，靶场得准备起来，一个靶场建设也得花好几年时间。"

邓锡铭像个接受任务的战士，昂首挺胸，目视前方，用一种庄重的表情来回应他心底的承诺。

这次会议后，钱老的谈话成为一种重要的指导思想，那就是三道防线：导弹反导弹、超级大炮散靶、强激光。

比邓锡铭年长19岁的钱学森，像一位情感深厚的老大哥，就激光研究的话题进行了交流探讨，分别时钱学森再次叮嘱邓锡铭："对于未来的激光炮，现在有个设想，为此我还亲自到展览馆看了你们的红宝石激光器，但最终实现的激光炮可能与目前的设想面目全非，原因是技术在发展之中。"

钱学森作为大科学家，他的视野异常开阔，预见超常准确，激光武器的未来不可限量，它的发展更是目不暇接。在现代军事进攻中，任何一个懂得操纵战斗机的飞行员都可以用炸弹从几千里以上的高空准确地摧毁一栋小楼，这种千里眼就归功于现代激光制导技术。

我们在电影中见过这样的画面：飞行员在战斗机中操纵显示

屏中的"十字线"对准地面目标，"轰"的一声，目标随即被摧毁。这就是激光器的瞄准点，激光的光束指到哪里，炸弹就打到哪里，真正实现了指到哪打到哪的效果。

如果换成普通炸弹，只能作为以自由落体的方式去攻击目标，那样的方式命中率非常低，能否打准基本上取决于飞行员的经验和技术。而激光制导炸弹就完全摒弃了这些不确定因素，仿佛给炸弹安装了千里眼。对这样的技术如果不加以关注和研究，那么在未来的战争中，手拿常规武器的战士就将成为聋子和瞎子，永远无法看清神灵在空中翻动的手掌，永远阻挡不了天外来敌，留给我们的只有哭喊挨打的份。

我国研制的激光武器

激光科技在军事上的战略意义，在未来战争中的作用，迅速引起中共高层的密切关注。当时军委主席毛泽东、军委副主席林彪都表示要高度重视激光武器的发展，而且对此寄予厚望。

这是一条依靠自己闯出来的血路，培养了专业的领军人才，使我们在激光领域一直保持着稳步发展的态势。1977年，中国第一部"110"超远程精密跟踪雷达装备实现单脉冲超远程精密跟踪雷达探测距离大于2000公里，在中国发射洲际火箭、卫星等工程中多次执行了跟踪测量国外外空目标的任务。"110"雷达的研制成功，使中国成为世界上第三个拥有超远程跟踪大型雷达的国家。

"110"超远程精密跟踪雷达和"7010"相控阵预警雷达可探测外空目标，对我国发射中程和远程导弹、人造卫星、同步卫星等都具有重要作用。20世纪70年代末期，该雷达准确预报了美国"天空实验室"陨落，两次探测跟踪了苏联向太平洋方向以低弹道方式试射的多弹头导弹，准确预报了导弹发射点及落点，为此建立在燕山余脉黄羊山上的雷达天线引起世界各国的关注。它的研制成功，缩短了我国雷达技术水平与国际先进水平的差距。

转战沪上

1964年是个有趣的年份，诺贝尔物理奖一半授予美国马萨诸塞州坎布里奇的麻省理工学院的汤斯（Charles H.Townes），另一半则授予苏联莫斯科苏联科学院列别捷夫物理研究所的巴索夫（Nikolay G.Basov）和普罗霍夫（Aleksandr M.Prokhorow），以表彰他们从事量子电子学方面的基础工作，这些工作导致了基于微波激射器和激光原理制成的振荡器和放大器。

诺贝尔物理奖评委会认为，激光器的发明是20世纪科学技术有划时代意义的一项成就。从 20世纪60年代开始，激光理论、激光器件、激光应用各方面的研究广泛开展，各种激光器如雨后春笋一般涌现，在科学家的努力下，激光科学成果累累，已成为影响人类社会文明的又一重要因素。

就在这一年，长春光学精密机械研究所激光科研队伍已悄然壮大，发展到相当于一个中型研究所的规模。以邓锡铭为骨干的年轻科学家，倡议成立独立的激光研究机构，把强激光作为主攻方向，在短期内赶超世界先进水平。这事一经提议，立即引起上级的高度重视。

在组建上海光学精密机械研究所之前，有许多鲜为人知的细节。其中必须提到另一个广东人，他就是祖籍佛山市南海区的黄武汉。他是我国微波技术和量子电子学专家、中国激光技术先驱。他一生忠于祖国，把一切献给了科研事业，可是1968年7月16日，在政治运动中遭受迫害，含冤去世。

1963年10月28日，国家计划委员会副主任安子文约黄武汉谈话，主要听取黄武汉关于应如何开展激光发射的研究工作和国外量子电子学的最新发展情况。在座的有国家计划委员会副主任范慕韩、中共上海市委书记曹荻秋、上海市计划委员会主任马一行。他们听取汇报后，还详细审阅了黄武汉上报给张劲夫副院长的报告。并在报告上签署意见，转给国家科技委员会副主任张有萱：

"有萱同志，我们约黄武汉同志谈了一次，我们认为这个所放在上海有很大好处，时间上尽可能快，盼你向聂总反映一下。"

曹荻秋书记表示，若在嘉定建所，中共上海市委一定给予大力支持，希望黄武汉向张劲夫副院长请示，及早决定建所地点。

同时，安子文还要求黄武汉写一份关于激光发射的通俗材料，以便向李富春主任反映。次日晨，这份材料即交给了安子文副主任。

材料上报之后，在主管国防科学的聂荣臻副总理的关怀和支持下，1963年12月30日，中科院成立了光学精密机械研究所上海分所筹备组。1964年5月，从长春光学精密机械研究所和北京电子学所抽调了297名从事激光及微波发射研究的科技人员，迁往上海嘉定，成立了激光分所。王大珩兼任所长，邓锡铭、黄武汉任副所长。

建所初期，技术力量主要来自长春光学精密机械研究所和清华大学。这两支人马的动手能力极强，前者有闯劲，胆子特别大，他们的抱负是盯着世界前沿；后者理论功底扎实，物理图像明晰，而且年轻人居多，干劲足、冲劲猛。这个阶段名义上由王大珩任所长，实际上是邓锡铭在统领全局。

上海光学精密机械研究所是世界上第一个专门从事激光技术的研究所。当时我国著名核物理学家王淦昌先生有一种超前的预见，他认为利用强激光聚焦有可能实现核聚变，并积极倡议上马该项目。此时，刚刚抽调精兵强将组建的上海光学精密机械研究所正中下怀，于是兵分两路：一路由王之江率领搞激光武器探索；另一路由邓锡铭牵头研究激光核聚变。

关于激光武器的思路，科研人员探索研究过多种激光器，并以固体激光器作为攻坚目标，但因当时的技术条件尚不成熟（国外也处于类似境地），不得不暂时搁置起来。激光核聚变的研究

邓锡铭在上海时全家合影　周　正　提供

方面，在国外提出向心聚爆的技术途径后，规模愈来愈大。

新中国成立初期，我国科学家将核聚变研究视为一种新奇、有趣的问题。1952年，科学家成功地将惯性约束的方式应用于氢弹试验。不过，之后一度沉寂，科学家们试图用受控热核聚变来解决人类能源问题的努力，一直没有任何实质性进展。世界一流的核聚变研究专家全都遭遇了技术瓶颈。

20世纪50年代末和60年代初，是世界上激光诞生的黄金岁月。这段时间王淦昌正在苏联杜布纳研究所，回国后又投身到了秘密的原子弹研制工作中，他的主攻方向没有确定在此，但他还是关注着这方面的动向。

有一天，上海复旦大学的谢希德教授遇见了王淦昌，谢教授也许是急着寻找答案，于是她开门见山地问："王先生，您最近关注过激光吗？听说这东西在国际科学界成了热门话题。"

王淦昌先是一愣，然后又异常敏感地反问："激光？我怎么会不关注？"但是对自己如何关注，王淦昌并没有讲。谢教授偶然之间的提问，像一串火花，瞬间点亮了他的思路。

当时正在专注研制原子弹的王淦昌，灵光一闪，意外地萌发出一个想法。没有人会想到，这位从美国麻省理工学院博士毕业的中科院院士，后来又担任复旦大学校长的谢希德教授，与王淦昌先生的偶然谈话，会产生点化的作用，竟然一语惊醒梦中人。科学家的一次交谈碰撞，竟然擦出了一串智慧火花，间接性地引出了一个重大的科学发现！

激光不是具有强度大和方向性、单色性、相干性好的四大特点吗？尤其是前两种，如果把它引用到核物理研究中去，说不定就会产生神奇的效果。

王淦昌当时非常激动，有一种云开雾散、豁然开朗的感觉，那一刻他与激光有了天意般的神会。没过多久，王淦昌便想出了激光打击氘冰产生中子的想法，而这实际上就是用激光打靶实现惯性约束核聚变的概念的雏形。

激光诞生后，处在冷战背景下的苏、美两国，暗流涌动，两国的科学家对激光核聚变研究相互竞争，暗中较劲，其输出能量和功率也不断得到提高，为过去许多不可能实现的事情提供了可能的条件。

王淦昌提出用激光打击氘冰产生中子的设想是一个全新的科学概念，一旦实现，将使人类彻底解决能源问题。有了这种科技灵感，王淦昌异常兴奋，虽然前面还有许多重大技术的关卡在阻隔，但光是透明的，只有耐心去对待，它迟早会将背面的内容透露出来。这绝对不是空想者的野心，而是一个科学家坚定的信心。

王淦昌做了粗略的计算，结果证明是可能的，如何通过实验来证明设想是可行的呢？他为此苦思冥想，一时找不到答案。

王淦昌这一奇思妙想产生在1964年年初，此时正是前方原子弹研制最紧要的关头，他手头的事务千头万绪，每一件都刻不容缓，必须立即解决。由此关于激光惯性约束核聚变的问题只得先放到一边，根据轻重缓急，自己先干好最重要的那件事。

1964年12月，当我国第一颗原子弹爆炸成功后，王淦昌等一批有功人员参加了第三届全国人民代表大会第一次会议。对王淦昌与邓锡铭来说，这是一次缘分之旅，正因为有这次会议，才让他们有了两军会师般的握手，有了一次历史性的重要会晤。从此，一位著名核物理学家与一位著名光学专家开始了长达33年的专业合作，结下了同志加兄弟的情谊。

看来世间万事都是讲求缘分的，一个人与另一个人的相识，不是时间与距离的关系，而是精神的牵引、心灵的感应。

会议开幕后，进入了小组讨论环节。那天参加完小组讨论的王淦昌，回单位取资料，恰巧邓锡铭从上海出差到北京，刚一抬头，便瞅见了匆匆而过的王淦昌。邓锡铭情不自禁地喊了一声："王老师！"就是这一声发自心底的呼唤，把王淦昌叫住了。

王淦昌停下脚步，回过头来，没想到他一眼就认出了邓锡铭。他满脸微笑地说："嗨哟，是小邓呀！你到北京啦，最近在忙什么？"

因为之前王淦昌到过上海光学精密机械研究所几次，早就关注过邓锡铭，知道他是上海光学精密机械研究所的年轻才俊。

王淦昌与邓锡铭家人合影

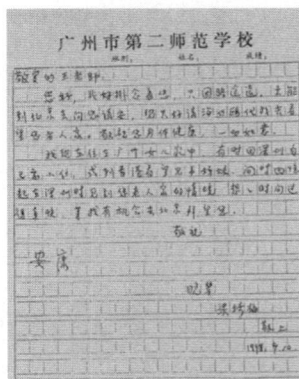

梁绮梅写给王淦昌先生的书信

邓锡铭说："我们刚刚进行了一次钕玻璃激光器试验，发现在激光束的聚焦点上，空气被击穿后光轴上出现了一连串火球。我们不知道这是一种什么现象，正想请您帮着解释呢！"

"真的？！"王淦昌一听，眼睛发亮，惊讶地叫起来。接着他说："这是个新奇的问题，太有趣了！来来来，咱们坐下来先聊聊。"为人随和的王淦昌把手中的报纸往旁边的石阶上一放，自己先坐了下来，随即招呼邓锡铭坐在他身边。

看着两人并排而坐、亲切交谈的样子，就像多年不见的亲兄弟。王淦昌轻轻地拍着邓锡铭的肩膀，脸上露出无法抑制的兴奋。他说："小邓，你知道吗，我最近正在设想用激光束打击靶子的试验方法，如果这个方法能试验成功，热核聚变问题将得到解决，那将又是一大科学贡献！"

"王老师，这是真的吗？请您把这个任务交给我吧，我们一定按照您的要求去完成试验！"邓锡铭的心情显得特别激动，他忍不住站了起来，握紧拳头，像请战上阵的士兵，满脸兴奋，神情激昂。

王淦昌看着雄心勃勃的邓锡铭，微微地点了点头，用一种赞许而又信任的目光盯着邓锡铭，然后轻声地说："你晚上到我办公室来吧，我把已经写好的一份文稿给你看看，相信对你会有启发和帮助。"

1996年11月邓锡铭（左一）陪同王淦昌先生（右二）为广东省科学技术委员会题词

那是一个多么激动人心的时刻！对邓锡铭来说是一个永生难忘的夜晚。他走出旅馆，心情特别舒畅。北京的冬夜凉风扑面而来，他抬头望天，夜空如洗，一轮金黄的圆月挂在头顶，邓锡铭忍不住用粤语哼起了欢快的小调……

在王淦昌的办公室，智者相遇，光芒四射，在心底奔涌的何止是万语千言！这是一次神秘的夜谈，两人推心置腹，尽情交流，颇有相见恨晚之感。当邓锡铭从王老手中接过那份 20 多页的论文手稿时，热血在他身上沸腾起来，感觉那叠稿纸像一块含量超标的星际陨石，拿在手上有着沉甸甸的分量，那是心血与智慧的结晶。

这是一次无言的托付，那一刻德高望重的王老就像满面微笑的佛祖，而邓锡铭成了取经的唐僧。面对字字珠玑的"经书"，他心潮起伏，热泪盈眶。这种毫无保留的坦荡胸襟揭开了中国科学家的成功秘史，成为科研之路上的传世绝唱。

我国科技发展为何能从无到有、从弱到强，就因为老一辈科学家有如此高尚的人文情操和精神境界，所以在科技强国的征途上才能薪火相传、燎原壮阔。回首往事，这种柔情的细节仍然温暖着我们每一根神经末梢，让晚辈日渐瘦弱的身影，在激动和战栗中拨开俗世的迷乱，避开颓废的荆丛，重新踏上日渐荒芜的英雄路。

肩负着一个又一个重托的邓锡铭，再也无法停步。他从1964年年底开始，为了中国高功率激光和激光核聚变技术的突破，锲而不舍，呕心沥血。在他心里有一个高远的目标，那就是中国在激光领域不能输给苏、美。

据亲历者回忆，当年在激光研究方面曾有过一个小插曲：当时苏联有位领导人来华访问，为了炫耀他们领先的技术，特意带来一块钢板，钢板上面有一个很规整的圆孔，苏联领导人宣告，这钢板上的圆孔是用大能量激光束打出来的。那时中国科学家对这项技术还没有发言权，在外宾面前只有无语的表情，这种沉默不仅是个人的尴尬，还暴露了国力的微弱。

邓锡铭知道此事后，开始在暗中较劲，他组织一帮技术人员加班加点地干。没过几个月，他就带了一块用强激光束打了洞的厚钢板去北京，专门向周恩来总理汇报。他说："这是完全依靠自己的技术力量用激光束打出的洞。"

对总理当时的表情，我们无法找到具体的描述，但从这个穿越钢铁的圆孔中，可以看到了一个科学家强烈的自尊与倔强的傲骨。洋人能办到的事，我们也能办到！

邓锡铭时刻牢记自己在王老面前的诺言，如果不能兑现自己的诺言，那往后有何脸面见人？

那时的他背着前所未有的压力，带领一批科研骨干攻坚克难，把通向成功之路的拦路虎逐一消灭！不久，上海光学精密机械研究所在大能量、大功率激光研究领域取得了令人欣喜的成绩。

1965年，邓锡铭与他的团队在王淦昌的指导下，利用一个四级平面波放大钕玻璃激光系统产生的激光束照射平面靶获得成功。

试验成功后，邓锡铭立刻向王淦昌先生汇报："王老师，我们的试验有结果了！我把报告给您送来了！"

那天，正在"灰楼"进行核弹紧张测试工作的王淦昌突然接到邓锡铭的电话，他听到这个消息，忍不住丢下手中的急活，异常兴奋地说："今晚你在宾馆等我，什么地方都不要去！"

受宠若惊的邓锡铭不由愣了一下，赶紧说："还是我去见您吧！"但是这话说晚了一步，王老师那边早已挂了电话。

那是一个异常寒冷的冬日，年近花甲的王老蹬着一辆旧自行车，从中关村去往友谊宾馆。外面纷纷扬扬地飘着鹅毛大雪，在一个路口拐弯时，由于风大路滑，一不小心，自行车撞到了电线杆上，王淦昌连人带车一起摔倒在地，很久才爬起来。

当王老师迎着漫天的风雪走进宾馆时，他浑身上下早已积满了厚厚雪花。邓锡铭当时感动得热泪直流。几十年过去，邓锡铭在回忆与王淦昌共同奋斗的岁月时，对这一幕仍然记忆犹新。他用理性而又克制的文字作了如下记录：

在王淦昌先生的指导下，利用我出差住的友谊宾馆为基地，召集了当时激光惯性约束核聚变的几位研究人员，开了几天专业座谈会。白天王淦昌先生很忙，我们只能利用晚上的时间。那段时间也怪，北京天天下雨、下雪，特别寒冷。但王先生天天晚上自个儿蹬着自行车跑到宾馆来，对我们这些年轻人教育极深。根据王先生的建议和意见，我们在短时间内取得了可喜的进步……

对这段后来传为佳话的往事，在王淦昌先生的回忆文章中亦有同样的记载。

当我在北京参加第三届全国人民代表大会时，恰遇中国科学院上海光学精密机械研究所邓锡铭研究员，他正从事大功率激光器的研制工作，这次因事来京。我把想法告诉了他，他眉飞色舞，非常高兴，并且想了很多办法来增大入射激光的强度。我们就一起筹划进行实验。因为激光器建在上海光学精密机械研究所，实验室就设在那里，由邓锡铭组织人员进行实验，我则仍在四川九院继续原来的工作。

过了一段时间，上海那边来电报告知：中子已经测到了！我们欣喜万分，但经过仔细分析后，认为这个实验结果不可靠。因为实验使用的中子探测仪器是核乳胶片，而核乳胶片是有本底的，即没有激光照射时也可能有中子（反冲）痕迹，这是由于本底（本底的来源，大部分来自宇宙线，小部分来自四周的空气及其他物质）的作用，很可能错把本底当成激光打靶产生的中子痕迹，而空欢喜一场。我们马上请当时九院的中子测试能手王世绩同志带了很可靠的中子探测器（有两种：一种是测快中子的；另一种是测慢中子的）前去上海，重新做实验。经过仔细的测量，最后无疑地证实真正测到了激光引出的中子，从而使大家心里踏实下来，信心倍增，工作的积极性也更高了。

正如那句老话所说的："成功永远是留给有准备的人的！"研究激光惯性约束聚变的过程就是砥砺磨剑的阶段，那个时候，大家唯一能借鉴参阅的资料就是美国利弗莫尔实验室的年报。但由于保密原因，年报的描述像电报一样，极为简略，要想从中获取真正有价值的信息，必须经过深入的思考和综合分析，甚至还要开展验证性的工作。为了在较短的时间内消化、学习这些文献资料，大家废寝忘食地在图书馆查找资料、阅读文献。当时没有现代化的办公设备复印，只能用笔来抄写。有部分同志大学期间修的是俄语，为能阅读英文文献，便从字母ABCD开始学起。一些老同志至今还保存着当时的记录，几十本厚厚的笔记本，摞起有半人高，那里是青春岁月中流淌的汗水和心血，更是攀登科技高峰的见证。

办公室变成实验室

无论在长春，还是上海，邓锡铭的办公室几乎布局都一样。他没有舒适的办公椅，没有宽大的办公桌，里面没有享受的物件，只有工作的仪器，只有厚厚的研究资料和记录文稿。

进门就是一排柜子，柜子上除水壶、水杯等用品之外，其他的地方全都塞满了各种材料和仪器。后面的墙壁上写着近期的研究进展和下步的工作安排，标注着红线、蓝线，一眼看去就像一张三军统帅的作战地图。

邓锡铭存留的部分研究资料 刘克平 摄

书桌背后是一个开放式的书架，上面摆满了中英文的工具书和参考资料。书架的高度刚好是伸手可及的位置，这种摆放的角度说明，工作时邓锡铭随时都需要取阅那些资料。右侧有个布帘，掀开布帘是一个直通实验室的小门，如果没有那个小门，从正门过去实验室至少要多花五分钟。这个细节说明主人惜时如金，连走路的时间都一分一秒节省下来。

据同事们回忆，邓锡铭有时把在实验室没有完成的工作带到办公室做完，因此，时间久了，办公室与实验室几乎产生了互通功能。激光研究不同于其他领域，每做一次实验对身体都会造成辐射，实验时应当采取严密的防护措施，可是邓锡铭有时工作着了迷，急需得出某个实验结果时，他就会忘记一切，不知不觉就进入了那种忘我状态。

1980年6月，惯性约束聚变研究首次真刀真枪地进行实验，很顺利，首次综合实验取得圆满成功！1981年6月，开展第二轮实验，相关数据完全正常，初步完成了激光等离子能量平衡实验。

1982年8月，在六路激光器上进行了以能量平衡为中心的单束激光与平面靶相互作用实验，实验检验了激光器的性能、激光入射参数测量的可靠性，考核了诊断设备，获得了激光束与平面靶相互作用的实验数据。

实验的每一次进步都来之不易，我国的惯性约束聚变研究工作得到了国家、部委有关领导和老一辈科学家的大力支持。1983年1月，中央军委副秘书长兼国防部部长张爱萍写信给中共上海市委主要领导，希望他们关心督促中科院上海分院和上海光学精密机械研究所的各项工作，加强对研制激光装置的领导。

1987年"神光"Ⅰ号激光器建成验收，以邓锡铭等一批骨干研制的高功率激光装置达到了国际同类装置上进行的前沿物理研究水平，取得了一批重大成果。这不仅是我国激光技术发展上的重大突破，而且使我国在国际高功率激光领域中占有一席之地。

邓锡铭多次在ICF领域的国际学术会议上作邀请报告，成为国际ICF固体激光驱动器会议的"国际技术委员会"成员，30多次赴国外进行学术交流、合作研究和讲学，受到国际同行的高度评价，同时还在国内成功组织了多次有影响的国际激光学术会议。

1988年，王淦昌参加了在意大利召开的战争与和平国际会议。在这次会议上，美国宣布利用地下核试验做内爆充氘氚靶丸的实验结果，已经推断出利用1 MJ的激光能量有可能达到"得失相当"，并开始对建立"点火装置"进行论证。回国后，王淦昌与王大珩等人商量，也要抢抓机遇，迎头赶上，于是联合向中央写报告，请求国家增加对惯性约束聚变研究的投入，加快研究进度，抢占制高点。

1989年年初，李鹏总理亲自听取了汇报，他十分关心惯性约束聚变的前途，提出了许多问题。1992年，"惯性约束聚变"作为一个独立主题列入国家高技术研究发展计划。

一个有建树、有创造的科学家，他必须有超强的预见，有从宏观到微观的把握。回头审视邓锡铭留下足迹，每一步都踩着节点，每一步都踩得坚实有力，在铿锵有力的行进中，他依靠一种精神动力走向前方。

铸造神光的人，本身就有神光一样的品质，他虽然没有留过学，但一点也不逊色于洋人，他是我们自己培养的拔尖人才。在激光领域以深厚的学术造诣、科学的发展战略、关键的技术决策、卓越的组织能力对我国高功率激光的成长和发展起到了不可替代的作用。穿过岁月的烟云，我们在记忆的天空中依然可以看到，一个破译光学密码的人，此时仍深情地注视大地，满怀期待，一脸微笑。

第六章　狂飙来袭的劫难

特殊年代

在共和国的创业史上，20世纪50年代是一个极不寻常的时期。伴随着尚未散尽的战争硝烟，面对严峻的国际、国内形势，百废待兴的共和国政府既要全力抓好经济建设，又要积极抵制帝国主义的武力威胁和核讹诈。

新生的政权刚刚立稳，霸权国家便虎视眈眈，随时都想动用核武器来威胁甚至扼杀我们。虽然迄今为止，人类历史上真正将核武器用于战争只有一次，那就是"二战"末期美国对日本进行的原子弹轰炸。但是核讹诈、核威胁却一刻也没有停止过。

1945年8月6日8时15分，美国一架B–29轰炸机飞临日本广岛市区上空，随即投下一颗代号为"小男孩"的原子弹。"小男孩"长3米，内装60公斤高浓铀，重约4吨，TNT当量为1.5万吨。"小男孩"在距地面580米的空中爆炸，当闪光、声波和蘑菇状烟云扩散之后，火海和浓烟笼罩了全城，广岛方圆 14 平方公里内有六万幢房屋被摧毁，30 万居民中有将近一半死亡，城市瞬间化为废墟……

从这一刻起，核战争从遥远的想象变成了血淋淋的事实，人类亲眼见证了原子弹的恐怖。

噩梦的惊扰让我们有了防范和警惕，但当时中国尚未研制出原子弹，还没有能够反击霸权国家的武器。用当时的话说，叫帝国主义亡我之心不死，中国随时都有遭受核打击的可能。

面对错综复杂的国际形势，我们该怎么办？这是一个无法回避的问题。1956年，在周恩来、陈毅、李富春、聂荣臻等领导人的主持下，制定了《1956至1967年科学技术发展远景规划纲要》。1958年，毛泽东表示："我们也要搞人造卫星，搞原子弹、氢弹、洲际导弹，我看有十年功夫是完全可能的。"

原子弹轰炸后的日本广岛

当时我们国家正处在内外交困、环境艰苦、技术落后的时期，此时得益于有一批杰出的科学家，他们呕心沥血、义无反顾，全身心投入科研，献身国防，为国家建立了一道安全屏障。

如今我们生长和平年代，享受着富足美满的幸福生活，根本不敢想象"两弹一星"是在怎样极端艰苦的环境条件下进行的。贫穷落后，尖端科技几乎是一张白纸，可是在这样的基础上却完成了惊世伟业，他们中有大批的留学人员放弃国外优厚的待遇，冲破层层阻挠，毅然回到了自己的祖国，把毕生的心血献给了我国的科研事业，这是一代永远值得敬仰的科学家。

许多事情开始总是美好的，回首那段历史，让人无限感慨。彼时与苏联正处于"蜜月期"，国内各行业都掀起了一股苏联热，从工业、农业到文化意识形态，都以苏联为楷模，大量的文学作品和电影翻译到中国，不管城市还是乡村，随处可见哼着歌曲《喀秋莎》的青年。他们遥想着远方的山楂树和白桦林，那高雅的艺术渲染着革命的激情，青春热血像伏尔加河一样在亿万人心中奔腾流淌……

人们把苏联尊称为"老大哥"，许多城市都有苏联援建的项目，中苏友好大厦成为那个时代的鲜明见证。可是在技术上给予帮助的"老大哥"，刚开了个头，就因中苏关系破裂，陷入了僵局，赫鲁晓夫背信弃义，单方撕毁协议，撂下挑子，撤走了专家。

虽然这种不守信用的行为背后有着复杂的外交因素，但明显是在有意刁难，就像带路的大人把孩子引到了荒无人烟的沙漠，然后扔下不管，生死成败就看孩子的造化。

谁都知道，这种不负责任的行为会有严重的后果，荒野沙漠上最容易迷失方向，同时还会有豺狼虎豹出没，有陷阱沟壑横立，该如何逾越这些障碍？研究人员没有一丝半点心理准备。临别时，傲慢的苏联专家，除留下那些半拉子工程之外，还扔下一句狠话："你们就等着将这些设备变成一堆废铜烂铁吧！"

苏联撤走专家，中断援助，这无疑是"釜底抽薪"，中国航天事业面临着夭折的危险。赫鲁晓夫扬言："有人不愿参加保护伞，要自己搞，我看不仅得不到原子弹，到时恐怕连裤子也穿不上。"

局势的突变让人猝不及防，当时的情况非常严峻，百废待兴时期，国家根本拿不出大笔资金来搞科研项目，只能靠大家咬紧牙关，省吃俭用，积累资金。没有设备，采取蚂蚁啃骨头的方法，一点点加工；没有技术，以海归科学家为智囊，从头摸索。虽然这一切都在举步维艰中进行，但每一步都走得特别坚定、果敢。搞科研永远不能依靠别人，永远别相信救世主。

疾风知劲草，国难显忠良。卧薪尝胆，励精图治，即使是赴汤蹈火，他们也在所不辞。悲壮与豪气充盈在每个科学家的心间，成了占胜天灾人祸的强大动力。

世间所有的道路都布满荆棘和曲折，想干好一件事从来就不会一帆风顺。正当项目进入攻坚阶段，一场大饥荒像瘟疫一般席卷而来。

民以食为天，饥饿难忍的时候，对什么都没了动力和兴趣。

可是科学家们却勒紧裤带，仍然夜以继日地工作。虽然他们的粮食会尽力保证，但也是严格执行定量，不能多给一粒。缺肉少油的伙食，加快了肠胃的消化，超时的工作常常感觉饥肠辘辘。虽然营养不良，全身疲乏，但是再苦再累，肩上的责任一刻也不敢松懈。

回想当年那批功成名就、才华横溢的科学家，他们义无反顾地回到一穷二白的祖国，凭着坚定的意志和对党的无限忠诚，在半饥半饱的岁月中咬牙撑了下来。这些人从没有豪言壮语，更没有人想到过升官发财、图谋私利。他们心中只有一个信念：为了祖国强大，为了民族复兴，舍出命来拼搏！就是这么简单，就是这么朴实。可是谁也没有预料，在那个荒唐的年代，一场政治狂飙势不可挡地突然来袭，野蛮如决堤的洪水无法抵挡，就连功高盖世"两弹一星"的元勋们也未能幸免。

那场运动来得突然，无论是经济建设还是国防建设，都进入了关键时刻。特别是"两弹一星"这个由众多学科交叉研制的重大协作项目也受到了冲击。这样的重大项目，只要某个环节出了问题就将影响整体，可谓牵一发而动全身。然而在狂热的政治浪潮中，许多人冲昏了头脑，失去了理智，就连周恩来总理的极力保护也显得十分微弱，最终危及了"两弹一星"的高端。

1999年9月18日，中共中央、中央军委、国务院对在"两弹一星"研制中有突出贡献的23位科学家颁发了"两弹一星功勋奖章"，这是一次迟到的褒奖，他们是我国顶尖科学家中的一部分，他们绝大部分是新中国成立后不久，怀着"报效祖国"的赤诚之心归来的。就是这样一些人，在"文化大革命"中饱受磨难，不仅不能正常开展科研工作，连性命都难保。后来有文字对这场运动作过客观的描述，那场由文化领域肇始的"文化大革命"，对教育、科学、文化领域的摧残尤其严重。中华民族数千年积淀下来的优秀文化遗产遭受浩劫，一大批学有专长的知识分子受到残酷迫害。到1968年，中国科学院仅在北京的171位高级研究人员中，就有131位先后被列为打倒和审查对象。全院被迫害致死的达229名。上海科技界的一起特务案，株连14个研究单位、1000余人。受逼供、拷打等残酷迫害的科技人员和干部达607人，活活打死两人，六人被迫自杀（《科技日报》2008年3月17日）。

由于他们的家庭成分都比较高，又大多是海外归来，在"反动学术权威""坚持反动立场"等罪名下，又加了一个"特务"罪名，会英文的被说成"美国特务"，会俄文的被说成"苏联特务"。他们被下放工厂、农村、食堂等地劳动改造，发动一些不了解情况的群众批斗他们。他们中有的人被安排扫厕所、放羊、喂猪、打扫牛栏猪圈。他们的工作被剥夺、人格被侮辱、精神被摧残，人身不同程度地受到伤害，科研事业由此陷入瘫痪或半瘫痪状态。

牢狱之灾

古语曰："欲加之罪，何患无辞。"正当邓锡铭致力核聚变大型高功率激光器的研究时，一场灾难在他头上悄悄降临。

有一天，邓锡铭刚刚走出实验室，门外就闯入几个戴红袖套的彪形大汉，他们趾高气扬地走过来，二话不说就把邓锡铭带走了。

就这样，在没有任何征兆的情况下，邓锡铭被隔离审查。审查的原因是父母、兄妹多人定居香港、美国，曾因公务多次出国，存在重大嫌疑。

审查并没有给邓锡铭澄清事实真相的机会，只是走了一个过场，很快就给他罗列了数条罪状，定罪为里通外国的"苏修特务"。

这简直是荒谬至极，他一生没有踏入过苏联半步，就连公派留学苏联的机会，他也主动放弃，让给了别人。可那是个无理可说的年代，没有任何法律程序，就直接把他关进了嘉定看守所。

嘉定曾是邓锡铭梦想的乐园，从长春转战上海，寄予了无限的希望。他在嘉定迎园饭店多次与同事们规划蓝图、畅谈未来。作为历史名城，"嘉定三屠"的惨痛像一把利刃嵌入历史深处，而时光如流水，抚平了所有伤口，那温润的景色如工笔细描，烘托出江南古城的典雅。与东北春城相比，秀美的嘉定更加细腻，让邓锡铭的内心充盈起来。建所后，他带领全所上下，克服困难，乘势而上，那些年，上海光学精密机械研究所的成果有目共睹，同行们无不佩服，称他为"帅才"，意思是具有将帅的气魄、才子的智谋，再傲慢的人也不敢小觑。在他被隔审查前，上海光学精密机械研究所接受了一项紧急任务，要求在当年年底研制出两台红宝石脉冲激光测速仪，配合我国代号为"219"的首次地下核试验任务，这样的任务怎么能离开他的参与呢？

跟随邓锡铭从长春到上海工作的王师傅曾回忆当年的细节，王师傅在长春光学精密机械研究所干了一段时间，不久与另外一些同志被抽调去组建上海光学精密机械研究所。听说要去上海，大家心里显得诚惶诚恐，一是怕去南方气候不习惯，能带的东西都带上。王师傅说他把一口大缸也带到了上海。二是怕上海那个大都市有资产阶级糖衣炮弹的侵蚀，王师傅说有些同志还专门穿上有补丁的衣服去上海，以便与资产阶级划清界限。可是到了上海，禁不住哑然失笑，发现一切都是想当然，真正的上海与他们想象的完全不同，建所的嘉定更是一个偏僻的地方，根本看不见上海滩灯红酒绿的繁华迹象。

建所初期，名义上是王大珩任所长，而实际是邓锡铭在负责日常工作。当时上面对研制测速仪的限期不足半年，上海光学精密机械研究所马上组织精兵强将，成立以邓锡铭为负责人的攻坚小组，成员有梁培辉、项诚、唐贵深、刘福源、吴兆庆、龚亮贤，他们分别是清华大学、浙江大学、吉林大学、长春光机学院、上海科技大学等院校的高材生。可谓人才济济、实力超群。当时这个课题组在所内被称为九号课题组。为了便于工作，在西楼器材仓库楼顶清理出一层相对封闭独立的房子，作为九号课题组的实验室。从此，神秘的九号课题在上海光学精密机械研究所成为天字号任务。

沉醉在科研中的邓锡铭被军宣队硬生生地拽了出来，就像一条游得正欢的鱼，被抛离了水面。一位德高望重的副所长，一夜之间被贬为扫厕所的下人。被关押的那段岁月，邓锡铭遭受了非人的折磨，不仅是肉体上的痛苦，更多的是精神上的伤害，妻子梁绮梅也受到了牵连。

开始连家人也不许见面，梁绮梅唯一能做的就是每个月给丈夫送一次衣物。上海的冬天寒风刺骨，由于长春冬天有供暖，而上海室内寒气逼人，生长在岭南的邓锡铭无法忍受那种彻骨的寒冷，手脚全都冻烂了。可是比寒冷更可怕的还有痛苦和孤独，他与外界断绝了音信。每次梁绮梅带女儿去送衣物，都想打听一点丈夫的消息，可是那些看守脾气暴躁，态度非常恶劣，凶巴巴的像头老虎，问不到半点信息。

梁绮梅非常担心邓锡铭的身体，邓锡铭也时刻牵挂着家人，可此时的他已完全失去了自由。正是科研的黄金时期，竟然陷入暗无天日的境地，处在运动旋涡中的邓锡铭内心难以平静。面对神圣的科学与强大的政治，一介文弱的书生，实在是无能为力，无可奈何。他弄不懂，为何会有那么多人热衷于政治运动，他们究竟带着怎样的目的？究竟在倾轧中想得到什么？也许大多数人都是盲从者，正如古希腊哲学家亚里士多德说的："人是天生的政治动物。"

邓锡铭离开科研岗位后，心里一直放不下项目，几乎天天都在惦念激光科技的动向，牵挂着光束传输的进展。这样的运动不知何日是个头，他哀叹、焦急，不过无论前路多么艰难，他从没有过绝望，他是科技的圣徒，从当初选择科研之路开始，他就决意为此献身。

1967年，造反派开始夺权，运动不断升级。这时候邓锡铭所能得到的东西就是没完没了的批斗和认罪反省。

一直专心科研的邓锡铭，很少出门溜达，可是在批斗中他几乎逛遍了嘉定的大街小巷。每次游街批斗，他脖子上都要挂一块大纸牌，上面写着"反动学术权威邓锡铭"几个黑色的大字。游街之后还不算完，回去还要接着批斗，晚上还得赶写检讨书和认罪交代。每次批斗，他都必须戴着高帽，低头弯腰，老实认罪。

那年春节过后，去往郊区劳动改造，造反派在他脖子挂了一块十几斤重的大木牌，写着名字，还打了一个大黑叉。由于路途较远，押送途中牌子不停晃动，结果套在脖子上的铁丝磨烂了他的皮肉，勒出几道深深的血痕，风一吹，刀割一般疼痛。但是他没有哼一声，咬着牙关，硬挺着。

由于长期心情压抑，加上营养不良，走到中途又饿又累，几次摔倒。每次摔倒，不仅无人搀扶，反而恶狠狠地飞起脚尖，朝他身上踢来。

邓锡铭摇摇晃晃地撑起来，踉跄前行。可造反派为了继续折磨他，一会儿叫他走路中间，一会儿又叫他走路边，一会儿又要他走水沟，他刚下到水沟，又叫他爬上来。一路过去反反复复，要猴似地将他折腾。

面对那群野蛮的无知者，邓锡铭只能含着眼泪忍受，随着批斗的不断深入，原以为运动只是一阵风，很快就会过去的念头逐渐打消。随之涌现的是一种从未有过的迷茫和惆怅。刚开始，他还会不时打听一下所里的情况，后来连打听的权利也剥夺了。于是，一种莫大的焦虑和空虚感向他袭来，整个身心沉陷在深深的痛苦之中。

白天被繁重的体力劳动和批斗折腾，到了晚上麻木的神经开始苏醒，身上每个毛孔都散发着胀痛。他翻来覆去，整夜失眠，失眠的原因不仅是身上的伤痛，还有内心的愁苦与失落。有很多次他半夜爬起来，绕着房子转圈，他走走停停，停停走走，不时抬头仰望天窗上空的星星。有时他像一截木桩，呆立着，一动不动，久久仰望头顶。

那个样子仿佛回到了少年时期邓屋观画，一望就是一两个小时。有一次他看到一颗流星从天边倏然划过，突然间好像顿悟了什么，于是他蹲下来，双手抱头，潸然泪下……

从外表看去，邓锡铭是个毫无反抗的文弱书生，但是他内心却有着知识分子的傲骨和倔强。1969年某一天，邓锡铭趁看守松懈的机会，冒着生命危险逃了出来，他决定上北京，当面去找中央讨个公道！

出逃的过程显得惊心动魄，他绕道嘉定，一番迂回往复才挤上火车。在火车上不时有人过来盘查，邓锡铭巧妙地避开了检查，忐忑不安地来到北京。

到了北京后，二哥、二嫂想把他藏起来，受了那么多苦，遭了那么多罪，好不容易逃出来，怎么说也不能再回去了。可是邓锡铭不是为了个人的安居而来，他为了那一批科学家、为了国家的激光科研事业，因此他一刻也不敢耽误，立即赶往邮电部找他弟弟。兄弟见面来不及寒暄，他知道时间紧迫，于是火速赶往劳动人民文化宫。当时最高首脑机构——中央"文化大革命"小组下属的科技组就设在劳动人民文化宫，一位海军上校接待了邓锡铭。邓锡铭知道这样的机会难得，他如实反映了所里一批科技人员无辜受到迫害的情况，并含泪请求："希望中央派人去调查，主持公道，把事情澄清，我们好早日恢复工作……"

邓锡铭的出逃让看守恼羞成怒，嘉定方面一片恐慌，追逃人员猎犬一样，嗅着他的气味追踪而来，很快就赶到了北京。他前脚刚踏进弟弟的家里，专案组的人后脚就堵住了屋门。气势汹汹的办案人员，掏出手枪，以专政者的姿态将邓锡铭押回了上海，直接关进了嘉定看守所。

邓锡铭成为被严加看管的要犯，此时办案人员变本加厉，对他进行逼供。从进入看守所那一刻起，惨无人道的折磨就没有消停过。专案组的人包粽子一样，捆绑着邓锡铭的双手，他们轮流上阵，搞车轮战，搞疲劳战。

软硬兼施的逼供进行了15个昼夜，每天只给他两个窝窝头、一小碗水，维持他的生命，直至他昏迷过去。他们审问过不少的"犯人"，取得过屈打成招的战果，可是没想到邓锡铭这个文弱书生，这么强硬，无论怎样折腾，都没能撬开他的嘴巴。

由于工作关系，之前邓锡铭有过一两次出国交流的经历，于是就不停地逼他承认，自己是潜伏的苏修特务，有图谋叛乱的动机。如此捏造和栽赃，邓锡铭气愤至极，士可杀不可辱！他说："我清清白白做人，堂堂正正做事，没有做任何对不起国家和人民的事情，更不要谈什么苏修特务！"

专案组的打手听见邓锡铭顶嘴，于是气急败坏，用竹签扎他的手指，踢他的双腿，同时还扬言，如果再不承认就枪毙了他。

宁折不弯的邓锡铭面对暴力毫无惧色，他说："你们动手吧，我死也要死个清白！"

…… ……

没有经历过那段风雨岁月的人，无法想象政治运动对人性的扭曲和摧残，著名作家方方在2014年9月接受某报记者访谈时曾这样说道："父亲这一代知识分子的命运，可谓一言难尽。他懂五国语言，那么有才华，那么勤奋，但大半辈子都在政治运动中蹉跎。'文化大革命'中有一种批斗方式叫'坐飞机'，即从身后架起被斗者的双臂，令其弯腰，又从其身后揪扯他的头发，令其抬头望着群众。父亲担心自己挨斗时会经受不住，就把头发剪得很短，以免被人揪扯，又天天在家里练习'坐飞机'。他在门背后练习时，我就坐在他的椅子上看，有时父亲会问我动作标不标准。少年时不懂其中滋味，但 30 多岁后，想起这些，真觉得悲凉入骨。"

方方作为亲历者和见证人，她简洁传神地描述了那个年代的荒唐事件。在与世隔绝的日子里，邓锡铭顽强地面对一切，一直没有放弃心中痴情的激光梦。

在磨难面前，邓锡铭没有退却和放弃，他从历史中寻找过往的例证。如受宫刑而著《史记》的司马迁，他在《报任安书》中写道："盖文王拘而演周易，仲尼厄而作春秋；屈原放逐，乃赋离骚；左丘失明，厥有国语；孙子膑脚，兵法修列；不韦迁蜀，世传吕览；韩非囚秦，《说难》《孤愤》；诗三百篇，大抵贤圣发愤之所为作也。"

处在迷茫的黑夜，看不清前方的境况，只能在历史中寻找情感的解脱和心灵的疗救。在那段蒙冤受难的日子里，邓锡铭外表如石头一样沉默，但他内心的火光始终没有熄灭。不管眼前如何灰暗，他坚信一个国家对知识分子的政策最终会得到尊重和正视。动乱只是暂时的邪火，作为推动时代前进的知识分子，决不会永远打入另册，成为"罪人"！

有了信念作支撑，邓锡铭就有了前行的动力。忍受吧，咬牙忍受，只有忍受住不能忍受的痛苦和磨难，才能穿越无边的黑夜，抵达远方的黎明。有些同事却没有忍住，在这种暗无天日的折磨中，带着愤怒与绝望离开了人生。他的同事黄武汉就是令人痛心的例子，他杰出的才华在黑暗的年代戛然中止。

虽然身在狱中，但邓锡铭决不想虚度年华，假如一个有抱负的科学家蜕变成一具行尸走肉，苟且地活在这个世上，那还不如早点结束此生，给别人让出位置。

科学家不搞科研，就等于已经死亡。监狱可以拘禁一个人的肉身，但世界上再严厉的监管也无法控制一个人的大脑和思维，邓锡铭凭借超强的记忆力，通过独特的思维方法来演练构思光束传输的新理论。

一天，他弄到了半截铅笔，当时他泪光闪闪，欣喜若狂，拿着铅笔头如获至宝。就像勇士手握宝剑，不仅看到了前方的光亮，而且浑身都有了力气。

常言道："好记性不如烂笔头。"他运用心理演算的方法进行推导，每当推导出一个计算公式时，他就赶紧写在巴掌大的手纸上。为了不被看守发现，推理完成后迅速将纸条撕成小块，放进嘴中嚼着吞咽进去。后来那些被应用的激光核聚变理论，就是他在狱中关押时绞尽脑汁、苦思冥想演算出来的成果。

在看守所，邓锡铭经历了特殊的对待，别人关押的房子是四面有墙的，看守也有上下班制度。而邓锡铭的房间只有三面墙，有一个方向的墙还被拆除了，这样一来，邓锡铭在屋子里的吃喝拉撒全都暴露在看守面前，没有一丝半点的隐私可言。

看守如此严密，其实背后还有深层的原因和不为人知的秘密。据知情人透露，当时有人想保护邓锡铭，可是又不能直接干预，于是只好采取"曲线救国"的方法，把他关进了看守所。那段时间如果把他留在外面，说不定会被那些毫无理性的造反派活活整死。进了看守所反而比在外面安全，至少造反派无法直接插手，那样成了另一种形式的保护。但是关押在看守所又担心他经受不了打击，想不开，自寻短见，于是把他放在一面敞开的监房里，24小时轮番看守……

1972年，军宣队释放了邓锡铭，当时邓锡铭不敢相信，这些人竟会放他出去。确认已经获得相对的自由后，他第一站要求去往北京，他首先要做的是去弟弟家探望年迈的母亲。

当望眼欲穿的母亲见到远道而来的儿子时，扑上来一把紧紧搂住他，久久没有松开。母亲伸出苍老的手掌，轻轻地抚摸着骨瘦如柴、遍体鳞伤的儿子。老人心似刀绞，泪如雨下。

一米七几的个子，出狱时体重只剩44公斤，身子虚弱得像一片草叶，风一吹就会飘起来。

据亲人们回顾，他回到家里时不仅手指甲和脚趾甲全部掉光了，而且不时吐血，在后来27年的生命历程中，每当工作劳累过度他就会吐血。谁也不知道他在关押时遭受过怎样的折磨，受到过怎样的虐待。可是邓锡铭根本没有时间去计较那些，他似乎忘记了狱中那些痛苦经历，那些写在纸上、吞进肚子里的演算公式，此刻就像遇到了开春的雨水，在心里迅速破土萌芽。

胸怀博大的人思考的问题与常人不一样，他从来不与人说起关押批斗的经历，那段不堪回首的往事留在他一个人的心里就行了，他不想让往事再去干扰家人的情绪，他必须将噩梦从记忆中彻底抹去，就连对妻子梁绮梅也只字不提。对于生活，他一直面带微笑，在苦难面前就像一块吸水极强的海绵，把所有伤痛都藏进了内心深处。

在京的一周时间里，他像打仗一样，没有片刻停歇。他把弟弟邓锡清叫到里屋，悄悄告诉他，自己急需一台打字机，要他想办法弄到一台。

弟弟费尽周折，终于帮哥哥找到了一台旧打字机，后来又借到了手摇计算器，邓锡铭夜以继日地推演、计算，将狱中苦思冥想而来的构思和想法整理成论文，拿出去给同行们探讨，供专家们实验。

出狱后身体还极度虚弱，本应先疗养身体，可是时间就是生命，对他来说一分一秒都耽搁不起了。同时他还有另一种担心，怕军宣队突然之间又把他抓回去。

回到工作岗位，邓锡铭像一只放出囚笼的飞鸟，找到了施展才能的天地。他带领学生们深入探究黎曼空间曲率、广义光折射率等概念。光流体模型理论取得了新的进展，实际应用越来越广泛。已成功应用于非均匀介质光束传输的计算、光纤径向折射率的设计、自聚焦光束的传输、非衍射光束的判断、非规则光栏引起的光束衍射的简化表、各类谐振腔谐振频率的统一表达、激光陀螺折频修正、非均匀光学Doppler频移、ABCD定律推广至任何形式的旁轴光束等。这些专业术语在客观的文字叙述中，显得云里雾里、毫无趣味，但是在邓锡铭内心，煞费了无数心血得出的成果，演绎了不尽的精彩，闪耀着圣洁的光芒，那里正在构建一幢激光迷宫。

邓锡铭复出后一次性发表了数十篇论文，而且还出版了专著《有限束宽光动力学》，这种"井喷"状态说明了他的能量被无限激发。正如鲁迅先生所说："不在沉默中爆发，就在沉默消亡。"

当人生遭遇许多制约不能言说时，只能保持沉默，沉默是金，那是智者的品格。人生纷乱时，沉默静守才能保持自己的清醒。当生活的巨浪袭来时，用自己稳健的行动去抵挡，才能确保志向不改，阵脚不乱。而此时语言的力量竟显得苍白无力，就算你使尽全身的力量来喊叫，也无法与地动山摇的巨浪抗衡。沉默不是软弱退让，而是积蓄下一次奋起的力量，寻找时机走出人生真正的辉煌。

　　20世纪70年代初期，邓锡铭母亲在北京弟弟家中病逝，当时经过外事部门批准，同意他父亲从香港回来奔丧。而此时还没有完全得到自由的邓锡铭，也获准赴京参加母亲的葬礼。这是一次肝肠寸断的生离死别，母亲去往天堂，走完了她的人生之旅。而数十年没有回乡的父亲终于归来，眼看着天各一方的骨肉可以相见了，可当时海外关系是一个极端敏感的政治问题，面对亲情，父子俩碰到了从未有过的难题。

　　在那种特殊年代，人的内心都变得异常脆弱，为不引起麻烦，在为母亲守灵时，父子两人只能采取回避态度。邓锡铭双腿触地，跪下给母亲上香时，他的心里在滴血般疼痛，人生最大的痛苦莫过于亲人离世和血脉不能相认。母亲越走越远了，只能慢慢淡化成像框中的记忆，而坐在另一间屋子里伤感的父亲，却无法抚摸一下离散经年的儿子，只能在门缝中远远地望一眼亲生的骨肉。父亲回想当年与儿子之间的亲热，不由老泪纵横。那些年，音信断绝，亲人不知生死，他无时不在思念着他们。可是大浪翻滚的政治狂飙像一把利剑，将亲情生生割断，使咫尺之间的父子俩不能相认。

　　在葬礼上，担心有耳目监视，父子俩特意错开出场，他们始终没敢见面。母亲的告别仪式结束了，邓锡铭耳里似乎听到了父亲在不停呼唤。

　　葬礼结束后，邓锡铭匆匆返回上海。梦境一样的场面让父亲再也忍不住情感的煎熬，为了见到儿子，老人冒着风险赶往上海。终于相见了，父子俩抱头痛哭，分离几十年的骨肉亲情，在那一刻全都融化成泛滥的泪水……

对邓盛仪来说，故乡情怀是他内心深处一个永远也解不开的结。1978年之后，身在海外的他牵线引进了一家港资钢窗厂，落户沈阳，引进了第一家港资餐馆落户广州，开启了合资企业的先河。

邓盛仪曾出任香港中华商会会长、广东省政协委员、全国工商联委员。当年为促进港澳回归，新华社港澳分社的负责人每星期邀请几位进步人士座谈，邓盛仪就是其中之一。他认为一个国家的发展需要多方面人才，为此做了大量的统战工作，从美国、欧洲引进著名学者回国参加建设。他还结交了两位非常重要的挚友：一位是叶剑英；另一位是陶铸。他对孩子们讲："要爱自己的祖国，要好好读书。"当年他知道邓锡铭对光学产生了浓厚兴趣时，专门在香港给儿子买了美国刚出版的著名光学专家的著作，供邓锡铭学习、研究。父亲虽然不能时刻陪伴在儿子身边，但是没有什么比儿子成功、成才更让他兴奋的事情。

邓锡铭没有留学背景，他是我们国家独立培养出来的科学家，没有依靠任何外力就登上了世界一流的高度，这是民族的骄傲，也是自强不息、钻研成才的例证。

为了进入科技的后花园，他九死一生终不悔，只要能重新回到实验室，让他继续工作，他就能把一切痛苦抛到脑后。

重整旗鼓

1972年，美国科学家纳科尔斯（Nucklls）第一次公开发表惯性约束内爆的论文，此后激光惯性约束聚变引起了世界各国的普遍关注。特别是几个财大气粗的科技大国，投入了相当规模的人力、物力进行激光惯性约束聚变的研究。面对这种激烈竞争的形势，我国科技人员进行了激光惯性约束聚变及其潜在军事用途的调研，在王淦昌、邓稼先等人的支持下，1972年8月，全国激光重点规划会把激光聚变列为国家重点规划。

1973年3月，邓锡铭带领上海光学精密机械研究所科技人员进行实验，利用1010 W的单路钕玻璃激光照射氘冰靶产生了中子。5月，在低温固氘靶、常温氘化锂靶和氘化聚乙烯上打出了中子。消息传到四川省绵阳市安县茫茫大山深处的九院，王淦昌等人极度兴奋。为了严谨、科学地验证结果是否确切，王淦昌派王世绩等人携带可靠的中子探测器赶往上海，重复实验结果。

经过细致准确的测量、分析，王世绩与几位技术人员确认，实验测得了激光打出的中子。从而，在实验室里证明了激光引发氘核聚变产生中子的设想，为进一步开展惯性核聚变打下了基础。

1974年成功研制我国第一台多程片状放大器，把激光输出功率提高了10倍，中子产生额增加了一个量级。科技竞争日益激烈，你追我赶，一刻也不能松懈，当国际上将向心压缩原理解密后，邓锡铭带领同行们积极跟踪，于1976年研制成六束激光系统，对充气玻壳靶照射，获得了近100倍的体压缩。这一系列的重大突破，使我国的激光聚变研究进入到世界先进行列，也为后来的持续发展奠定了基础。

我国的激光科技事业虽然遭遇了十年浩劫的冲击，但借助重点项目的支撑、精英人才的努力，艰难地生存下来了，并取得了可贵的进展。

试想一下，如果一直风调雨顺，我国激光科技事业一定会是另一个样子。好在后来有一批像邓锡铭一样的科学家，他们献身科研，奋起直追，使激光科技一直保持自己的优势，至今没有落人之后。

20世纪70年代末，邓小平在一次讲话中指出："激光我们加点力，花多点力量。防御，打飞机、打坦克，将来主要靠它，肯定用得上。有一个华裔科学家告诉我，现在美国已经试验用激光打卫星，已打下一个来。将来打坦克用激光，将来空中战争是激光战争，空间激光时代。据说成本比其他武器都低。"

一代伟人高瞻远瞩的科学预言，标志着中国在研究激光武器的总前提是积极防御，这是与美、苏争霸截然不同的战略基点。

激光武器示意图

用激光作为武器，有很多独特的优点，它可以在极小的面积上、极短的时间里集中超过100万倍的能量，还能很灵活地改变方向。另外，每秒钟30万公里的光速飞行，任何武器都达不到这样的速度，它一旦瞄准，瞬间就能击中目标，这是过去不敢想象的事情。

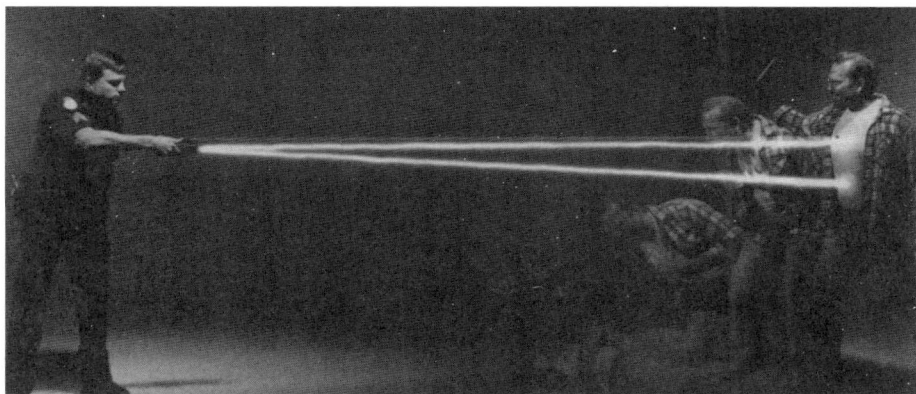

国外生产的激光武器

一束光的诱惑，没有子弹出膛时剑拔弩张的气势，也没有硝烟弥漫时洞穿身体的血腥。然而，激光轻武器所发射的激光却能灭人于无形，杀人于无声。在这样一个以速度战胜时间、以武器的较量代替肉搏战的时代，激光轻武器正成为军事强国新一轮争夺的目标。激光武器作战特色在于利用发出的激光光束迅速准确地使敌人致盲、迷惑和疼痛，目前有些国家的军队已有部分装备。

我们无法预测激光在现代战争中的作用威力，它的出现时间还很短，最初应用是在20世纪80年代，世界各军事强国纷纷投入试验装备，1982年著名的英阿马岛战争，英国海军就在其驱逐舰上装备了激光眩目器，一度迫使阿根廷飞行员的投弹精确度大幅降低。历时短暂的马岛战争，虽然没能让激光武器大放异彩，但激光武器那种潜在的作用已经有了充分的预见。美国海军曾宣称，他们在监视苏联海军演习时发生过飞行员被苏联军舰上"突然射出的强光"致盲的案例。激光真的太神奇了，它隐藏着很多有待开发的潜能。为了在这个领域占有优势，从邓锡铭那一代科学家开始就有了紧迫感，他们几十年默默无闻地埋头研究，像一根挺立不弯的脊梁，支撑起共和国的科技大厦。

第七章　科技无国界

"863"计划的由来

20世纪80年代中期，"863"计划是一个不断出现在新闻媒体上的热词，作为推动我国高技术发展的引擎，即将30年过去，对一些年轻人来说，关于这个计划的真正内涵和出台背景并不了解。

1986年3月，面对世界高技术蓬勃发展、国际竞争日趋激烈的严峻挑战，邓小平同志在王大珩、王淦昌、杨嘉墀、陈芳允四位科学家提出的《关于跟踪研究外国战略性高技术发展的建议》和朱光亚的极力倡导下，作了"此事宜速作决断，不可拖延"的重要批示。

在充分论证的基础上，党中央、国务院果断决策，于1986年3月启动实施"高技术研究发展计划"。因为该计划刚好在1986年3月启动，所以简称为"863"计划。这个计划旨在跟踪世界战略性高科技发展方向，缩小与世界先进水平的差距，提高我国自主创新能力，坚持战略性、前沿性和前瞻性，以前沿技术研究发展为重点，统筹部署高技术的集成应用和产业化示范，充分发挥高技术引领未来发展的先导作用。

其实真正促成这一计划的出台，还有一些鲜为人知的细节，还有一个不得不提的重要人物。透过历史背后的真相，一个幕后功臣的名字逐渐浮出水面，他就是邓锡铭。

1983年，美国政府提出了战略防御计划（即星球大战计划），当时邓锡铭正好在美国访问，他得知消息后，省出全部费用购买了一批重要书籍和文献。回国后，立即向王淦昌和王大珩两位前辈做了介绍。1986年3月2日，由王大珩执笔，王淦昌和杨嘉墀、陈芳允四位科学家联名，向中央提出了《关于跟踪研究外国战略性高技术发展的建议》。向中央高层提出建议，一般都要通过组织程序逐级上报，邓锡铭反复考虑后，感觉此事不宜拖延太久，要找一条比较便捷、有效的途径去争取时间。此时他想到一位关键人物，与他同在科学院工作的好友、邓小平同志的女婿，通过他的帮助，很快建议书就转交到了小平同志手中。

邓小平看到这份建议后，迅速决断。3月5日就作出批示："这个建议十分重要"，"找些专家和有关负责同志讨论，提出意见，以凭决策。此事宜速作决断，不可拖延。"（《邓小平文选（第3卷）》，人民出版社1993年版，第408页）这就是对我国科技发展产生巨大推动的"863"计划的由来。显然对这个重要计划的催生，邓锡铭功不可没，可是一直以来，他都游离在事件之外，成为无名英雄，很少有人知道"863"计划背后的感人故事。若干年后，历史背后隐藏的细节将被逐渐淡忘和湮没，那日月一样恒久的美德将永远温暖世界。

20世纪80年代以来，以信息技术、生物技术、新材料等高端技术为中心的新技术革命浪潮有力地冲击着全球，它对生产力的发展、人类创造力的发挥产生了巨大影响，引发了经济、社会、文化、政治、军事等方面的深刻变革。

高技术及高技术产业一时间成为国与国之间，特别是大国之间竞争的主要手段。实践证明，谁掌握了高技术、抢占到科技的"制高点"和前沿阵地，谁就可以在经济上更加繁荣，政治上更加独立，战略上更加主动。因此，许多国家都把发展高技术列为国家发展战略的重要组成部分，不惜花费巨额投资，组织大量的人力与物力集中攻关。

作为发展中大国，我国的经济和社会发展面临许多重大问题，如人口、粮食、能源、环境等，迫切需要高技术的突破和支撑。为了尽快适应世界高技术发展日新月异的新形势，积极跟踪国际先进水平，缩小与发达国家的差距，适当集中力量，在有限的高技术领域部署工作，对促进经济和社会的发展，特别是农业现代化，工业、企业技术升级等方面都具有重要意义。

当时从国情出发，我国在较长时期内还没有条件投入大量的人力、物力、财力去全面大规模地发展高技术，不可能也没有必要在世界范围内同发达国家开展争夺高技术优势的全面竞争。因此，"863"计划从世界高技术发展趋势和我国的需要与实际可能出发，坚持"有限目标，突出重点"的方针，选择生物技术、海洋高技术、航天技术、信息技术、激光技术、自动化技术、能源技术和新材料八大领域15个主题作为我国高技术研究与开发的重点。

美国制订星球大战计划后，欧洲随即制订了"尤里卡"计划，日本制定了《今后十年科学技术振兴政策》，经互会成员国出台了《2000年科学技术进步综合纲要》，这些都是着眼于21世纪的战略计划，直指各自的发展目标，每一个计划都意义深远，不容小觑。

当时激光武器研发成为冷战时期美苏争霸的重要阀门，1981年美国研制"太空穿梭机"获得成功，这对苏联产生了强烈刺激。苏联军方认为，航天飞机是一种可以在外层空间部署核武器的平台，表明美国欲将战争从地面引向外层空间，抢先构筑天基武器平台。这是地球之外的军事竞争，其意义非同凡响。

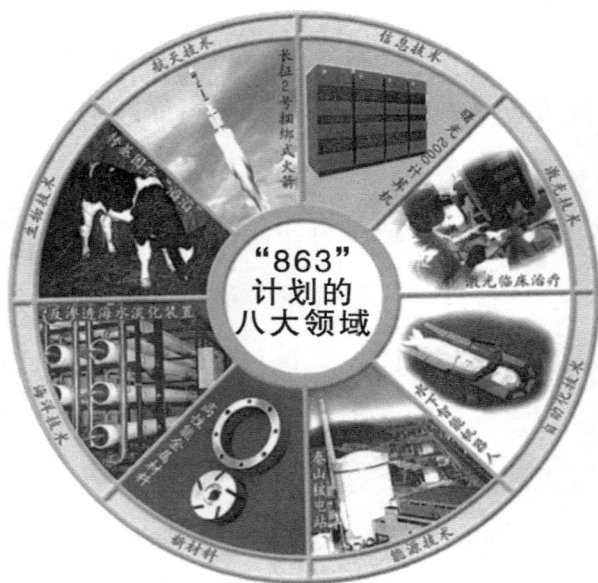

1986年首批列入"863"计划的八大领域

在世界性的新一轮科技争夺赛中，我国的"863"计划成为核心纲领，激光开发摆到了一个重要的位置，激光技术成为八大领域之一。

计划出台，机遇与挑战同在，作为激光核聚变主题专家组灵魂人物，邓锡铭像一头负重的黄牛，默默地蹲下身子，拉着犁铧，在高功率激光装置的领域中挥洒汗水，耕耘播种。

神光装置

1980年5月，在上海、北京先后举行了影响深远的国际激光会议，出席代表218人（国外66人），邓小平亲切接见了与会的中外代表。这种高规格的会议向外界发出了信号，中国政府对激光科技发展日益重视。

1983年在厦门又举行了第二次国际会议，1986年在广州召开了第三次国际会议。连续不断的高峰会议，加强了与外界的切磋交流，改变了我国激光技术多年来封闭运转的局面。特别是取得一些高难度的研发成果，使我国在这一领域奠定了扎实的基础，开始以成熟、自信的姿态走向世界。

昨天的辛勤汗水，浇注了今天的累累果实。在邓锡铭那一代科技先驱的努力下，经过几十年的拼搏，如今我国的激光科技有了突飞猛进的发展，不仅在国防军事、医疗科技方面，而且在激光加工业上也取得巨大成就，形成了四个重点产业带：珠江三角洲、长江三角洲、华中地区和环渤海地区。这四个产业带各有侧重，珠江三角洲以中小功率激光加工机为主，长江三角洲以大功率激光切割焊接设备为主，环渤海以大功率激光熔覆和全固态激光为主，以武汉为首的华中地区则覆盖了大、中、小激光加工设备。中国的激光技术有了相对较强的科研力量和雄厚的技术基础，锻炼培养了一支素质较高的科研队伍，有一大批科技人才活跃在海内外激光研究领域的前沿阵地，并取得了丰硕成果。据2011年统计数据显示，我国激光产业年总产值达到1100亿元。其中，激光设备销售收入约300亿元，产业链下游的激光加工服务业约350亿元，激光制品约450亿元。激光已成为照亮世纪的太阳，给人类带来光明与温暖！

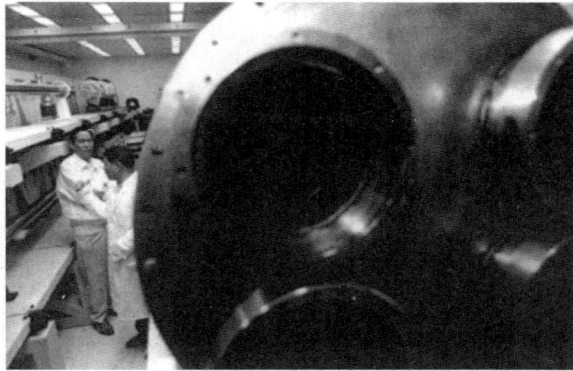

邓锡铭在了解激光聚变实验情况

作为新兴产业，激光科研上的点滴进步，都凝聚了开拓者无数的汗水和心血，为实现可控核聚变，科研工作者做了无数次实验，终于找到了两种方法：一是科学家们用托卡马克装置开展"磁约束聚变"的研究；二是于20世纪60年代初提出的"激光惯性约束核聚变"。惯性约束核聚变（Inertial Confined Fusion ICF）的基本原理：使用强大的脉冲激光束照射在氘、氚燃料的微型靶丸上，在瞬间产生极高的温度和极大的压力，被高度压缩的稠密等离子体在扩散之前，向外喷射而产生向内聚心的反冲力，将靶丸物质压缩至高密度和热核燃烧所需的高温，并维持一定的约束时间，完成全部核聚变反应，释放出大量的聚变能。

然而聚变反应所要求的条件极为苛刻，首先，要有1亿摄氏度左右的高温；其次，参与反应的粒子密度要足够高并能维持一定的反应时间。一些国家的实验室已经在这类激光装置上做了大量的基础性研究工作，美国、法国等国已着手建造更大规模的巨型激光器，期望能够实现激光热核"点火"。

我国从20世纪60年代开始惯性约束聚变的研究，在王淦昌、王大珩的指导下，中国科学院和中国工程物理研究院从20世纪80年代开始联合攻关，上海光学精密机械研究所和长春光学精密机械研究所均为协作单位。当时我国激光聚变研究才刚刚起步，钱学森院士就形象地描述："你们的事业是在地球上造一个小太阳！"惯性约束核聚变（ICF）研究中的关键设备是大功率的激光器。

1978年中国工程物理研究院和中国科学院携手合作，惯性约束核聚变（ICF）研究进入了全面发展的新阶段。在20多年的时间里，致力研制和应用钕玻璃激光驱动器——"神光"系列装置，取得了显著进展，推动了我国惯性约束聚变实验和理论研究，并在国际学界占有一席之地。这段话现在描述起来很简单，但那个过程却蕴含了无数艰辛。

神光装置　刘克平　翻拍

1977年，上海光学精密机械研究所利用1千亿瓦的六束激光系统装置，对充气玻壳照射获得了近100倍的体压缩，使我国的激光聚变研究进入了逐级论证向心聚爆原理的重要阶段发展。

1980年，王淦昌提出建造脉冲功率为1万亿瓦固体激光装置的建议，称为激光12号实验装置（神光–I）。激光12号实验装置是建立在中国科学院上海光学精密机械研究所的一台大型高功率激光实验装置上，位于上海市嘉定区清河路390号光机所内。这是一个寄托过理想、创造过佳绩的地方，中国激光聚变事业在这里像启明星一样冉冉升起。

1982年，邓锡铭在研究激光频带宽度时发现，窄频带激光器由于基衍射效应以及在等离子体中激发出的非线性受激散射等缺陷，对高功率激光系统本身，还是在激光与等离子体相互作用方面都不利的。这个时候他非常清醒地意识到，应该转变方向，开展宽频带激光器的研制。

一次及时的方向调整得到了意想不到的收获，后来他提出宽频带激光用于激光惯性约束研究将成为新的、有广阔前景的研究方向，这是他对研究方向一次重要的独立判断。新的方向对宽频带激光的产生、传输及与等离子体相互作用的研究都取得重要进展。他的宽频带激光的基本思想受到美国海军实验室、利弗莫尔实验室、英国卢瑟福实验室、日本大阪大学和澳大利亚新南威尔士州立大学等国际同行的广泛重视。

1983年由上海光学精密机械研究所设计的总建筑面积4612平方米、四层钢筋混凝土框架结构、总高度15米的建筑与设备装置完工。该装置输出两束口径为200毫米的强光束，每束激光的峰功率达1万亿瓦，脉冲宽度有1 ns和100 ps两种，波长为1.053微米的红外光，可倍频到0.53微米绿光。

设施完备的实验室内配有物理实验靶室及全套诊断测量设备，能开展激光加热与压缩等离子物理现象的研究和激光X光谱等基础研究工作。

1996年11月，国家"863–410"主题专家组在华南师范大学召开专家组工作会议期间，邓锡铭（右一）、北京大学陈佳洱校长（中）和专家组办公室邵海鸥（左）合影。照片由邵海鸥提供

　　1985年7月，激光12号装置按时建成并投入试运行。试运行过程中成功进行了三轮激光打靶试验，取得了很有价值的结果，达到了预期目标。该装置是中国规模最大的高功率钕玻璃激光装置，它由激光器系统、靶场系统、测量诊断系统和实验环境工程系统组成，在国际上也属于为数不多的大型激光工程。输出激光总功率达1万亿瓦量级，而激光时间只有一秒钟的十亿分之一到百亿分之一。可用透镜聚焦到50纳米的尺寸上，能产生10万亿亿瓦/平方厘米的功率密度。将这样的光束聚焦在物质的表面，可以产生上千万摄氏度的高温，并由此产生强大的冲击波和反冲击压力。

　　对专业性极强的科研项目的形象转述，成为文学创作面临的难题，上面那段冗长的叙述，或许有些乏味和枯燥，甚至让人有一种恹恹欲睡的感觉。但是科学不是武侠玄幻，不是肤浅的形容词，它冷静客观、沉默内敛，却又蕴藏着惊天动地的能量。核聚变的研究意义重大，仅从能源利用的角度来说，核聚变反应所产生的能量无疑是人类未来能源系统的重要支柱，以致有人把核能称为人类未来的"生存依靠"。

　　神光装置的高精度靶场系统，能适应0.1毫米量级的微球靶、黑洞靶、台阶靶、各类X光靶等多种靶型的实验需要，并具有单束、双束及两路并束激光打靶的功能，为进行激光核聚变新能源研究及其他多种物理研究提供了极其重要的实验手段。

　　在研发过程中，邓锡铭根据自己的思路研制出新颖的裂阵透镜，使光束的均匀性达到了世界先进水平。这一发明被国外同行

1996年11月25日，邓锡铭院士（右二）、范滇元院士（左一）、国家"863-410"主题专家组办公室邵海鸥（左二）、广东华南师大邢达教授（右一）合影。照片由邵海鸥提供

称为"上海方法"和"LA"法，后来各国竞相采用这一技术，由此，邓锡铭的研究实现了历史性的跨越，做出了世界性贡献，在我国激光技术发展中成为重要的里程碑。

科研是一条艰辛之路，任何一项重大发明都不可能一挥而就，其意义就在研究的难度、风险与曲折之中。近100位科技人员历时数年的攻关预研、方案制定、工程建造、总体调试，终于建成了"神光-I"装置。"神光-I"装置在十亿分之一秒钟的瞬间发电功率相当于6600台30万千瓦的发电机，超过20世纪80年代末全国的发电功率，这样的能量像神话一样惊人。

1986年夏天，张爱萍将军为激光12号实验装置亲笔题写了"神光"两字，表达了中央对该装置的充分肯定。1987年6月，"神光-I"装置通过国家鉴定，标志着我国在尖端科研上取得了新的突破，对国民经济建设产生了重要的推进作用。

1996年11月20日，邓锡铭夫人梁绮梅女士与邵海鸥在广州植物园。照片由邵海鸥提供

1994年，连续运行了八年的"神光–I"装置光荣退役，"神光–I"在数年的运行中，为我国激光惯性约束核聚变和X射线激光等前沿领域研究发挥了重要作用，取得了一批国际一流水平的物理成果。

1994年5月18日，"神光–II"装置立项，工程正式启动，规模比"神光–I"装置扩大了4倍。这是一道更加绚丽夺目的神光，在十亿分之一秒钟的瞬间，发射的光功率不亚于全世界电网发电功率的总和。它标志着我国已成为在高功率领域中具有综合研制能力的少数国家之一。

科技有着无法想象的神奇，那道看似梦想般遥远的神光，其实离人间烟火很近，因为在地球上提供聚变的能源竟然是海水。1升海水含有这种综合聚变的能量等于300升汽油，如果能有控制地释放出来，其能源几千万年也享用不尽。

这样的推算让人吃惊，有些成果只有在解密之后我们才知道其作用和贡献。2007年10月20日，在邓锡铭离世十年后，由新华社发布消息：中国科学院等离子物理研究所研究员万元熙透露，中国"人造太阳"试验装置已建成功，真正的"人造太阳"有望在30年至50年内为中国发电。

万元熙研究员所说的"人造太阳"就是核聚变能，它是模仿太阳的原理，使两个较轻的原子核结合成一个较重的原子核并释放能量。1952年世界上第一颗氢弹爆炸之后，人类制造核聚变反应成为现实，但那只是不可控制的瞬间爆炸。"人造太阳"试验装置实际上就是在磁容器中对氢的同位素氘和氚所发生的核聚变反应进行控制。

我国投资2亿元自主研制成功当时世界上能让等离子体运行时间最长的核聚变实验装置，并把它命名为"EAST"。

与传统的化石能源相比，核聚变能具有清洁和易采集等特点。每升海水中约含30毫克氘，通过聚变反应产生的能量相当于300升汽油的热能。地球上仅海水中就含有45万亿吨氘，足够人类使用上100亿年，这样的时间比太阳的寿命还要长久得多。

历史反复证明，后来者都是踩着前人的足迹，邓锡铭当年的梦想成为一场接力赛，它在未来的岁月中必定会绽放更加亮丽的光彩！

研制"神光－Ⅱ"大型激光装置，是朝着伟大目标迈进的又一个里程碑。建造"神光－Ⅱ"装置时，邓锡铭从立项论证、组织协调到技术攻关都亲力亲为，他是这项重大工程的"统帅"。在孕育"神光"的日子里，没有人能准确地计算出他熬过多少个不眠之夜，付出了多少心血，流下了多少汗水。搞科研发明必须耐得住寂寞，远离急功近利的思想，用十年磨一剑的精神方可抵达成功的彼岸。

一丝不苟、精益求精是邓锡铭秉持的作风，他认为关键的实验现象一定要能重复，一定要亲自参与，一定能以其他的方式验证才可以确认。他给出的结论从来就是干脆利落、直截了当的，从不存在"大概""可能""也许"这些模棱两可的词语，科研上只允许绝对的精准。

在邓锡铭的生命视野中，见识过许多险峻山峰，而建造"神光–Ⅱ"装置是他人生中需要征服的又一座高峰。他知道，每一次征服都是一场硬仗，难关重重，但他天生就是一个敢于挑战的勇士、一个不服输的硬汉。正当他攒足全身力气，决定冲刺这座高峰时，他的身体出现了严重问题。对于所承担的项目，他预料过一定会有许多困难，但在千百种困难中，他从来就没有想过自己身体的问题。

呕心沥血，奔波操劳，这不是赞美，而是真实记录。他每天的工作都排得满当当的，几乎没有任何空隙。他是有名的工作狂，一旦忙碌起来就忘记了休息，忘记了自己的身体。由于体能长期透支，精神处于紧张状态，加上实验时缺乏防护意识，邓锡铭病倒了。尽管他是一个乐观主义者，但是他的病让亲友、同事、领导都为之揪心，大家都希望他能挺住，希望有奇迹发生……

第八章　出访日本

知己知彼

对于日军侵华的暴行，1930年出生的邓锡铭自然会有刻骨铭心的记忆。幼年时期就让他饱尝了颠沛流离的生活，在日军飞机、大炮的轰炸中四处逃亡、惊恐度日。

亲历过战火离乱的人，内心都有无声的惊悸和隐痛。从广州到香港、从香港到邓屋，那是一条曲折的逃亡之路。日军长长的马靴和雪亮的刺刀在邓锡铭的记忆中闪射着寒光。悲伤漫溠在少年心底，把痛恨写进了史书的章节，让记忆诉说远去的苍凉。

1894年那个甲午，旅顺城内，日军四天三夜虐杀清军战俘和手无寸铁的男女老幼达两万余人。只是因为遍布街巷的尸体需要掩埋，偌大的旅顺城才留下30多个出卖苦力的劳工暂且苟活。30多个劳工，面对血流成河、横陈四野的死难同胞，那不忍目睹的惨相让他们双腿发抖，侵略者的残忍成为他们永生难忘的噩梦。

辽东半岛、台湾全岛及所有附属岛屿"割让"给日本。

更加荒谬的是二万万两库银"赔偿"给抢占中国领土的日军，成为他们屠杀中国民众的军费。如此数额庞大的赔款，国库空虚的清朝政府无力一次性交出，于是附上余款按年加每百抽五之息……

马关"会商"，中国人只有一件事可做，那就是捧起日本人摔过来的条款，数日内作出"明确答复"。

"定远号"是北洋水师引以为豪的主舰，被日军击毁之后惨遭肢解，沾满水师血泪的碎片运至蚕形岛国，在隔海相望的福冈建起"定远馆"。弹痕累累的甲板被改造成门板，以此来炫耀日军所向无敌的凶悍。甲午一役，败掉的是清朝政府的军威，得来的是实实在在的国耻。

落后就要挨打是一条必然规律，当战争的硝烟散去之后，我们只要冷静地思考一下，就会发现中日之间的重大差异。为何事隔43年，侵略者在南京又会重演屠杀的惨剧？也许并不仅仅是狼与羊的故事，其实一切早就埋下了伏笔。

流血的历史让人悲伤，如此沉重的话题无法用一两句话来简单概括。日本军国主义令人憎恨，但日本人重视教育、重视人才，追求至善、精益求精的敬业精神，确实值得我们学习。大国的崛起靠的是科技，国与国之间的较量说到底就是国民素质的较量和人才的较量。

赴日交流的前夜，邓锡铭内心波澜起伏，小时候烙下的印记，像草尖一样从脑海中冒出，让他对这个即将抵达的岛国多了一层审视。半个多月的访日行程，他一直有着自己的坚持，这样的坚持不是一种简单的敌视，而是一种复杂的心情。1938年秋天，在一次逃难途中，突然遭遇鬼子扫荡，邓锡铭与家人情急之下藏到了一位农夫家里。由于房子狭小，无处躲藏，邓锡铭看见房内有一张床，他便泥鳅一样滑进了床底。不一会儿，鬼子来了，他们进屋后翻箱倒柜，伸出雪白的刺刀，朝床底下一通乱捅。邓锡铭瞪着眼睛，身子紧贴地面，看见闪着寒光的刺刀从耳边"嗖"的一声穿过，差一点儿就洞穿了他的脑袋。当时他吓得瘫软如泥，浑身发抖，差一点儿就叫喊起来。好在鬼子搜了一会就退了出去，不一会就听到外面有人哭喊尖叫，后来才知道是他二哥被抓走了……

逃难途中的遭遇给弱小的邓锡铭留下了刻骨铭心的记忆，为此，访日期间他坚决不向对方鞠躬，虽然中国自古就是礼仪之邦，但在那个罪恶渊薮的地方，他没有办法让自己弯下腰身，稍一俯身就让他痛彻心底。

此时的邓锡铭是清醒的，他深知中、日两国确实还存在一定差距，这种差距更多需要我们客观冷静地分析，而不是依靠狂热的激情和心底的仇恨去消解。那些伟大的科学家无不是面向人类、面向未来、面向世界的。科技无国界，要想在某一领域有自己的创新和突破，必须有博采众长、包容一切的胸怀，大胆地走出国门，以一种开放的心态去看待一切。《孙子·谋攻篇》中有云："知己知彼，百战不殆；不知彼而知己，一胜一负；不知彼，不知己，每战必殆。"在日本民族的发展史上，取长补短、善于学习是他们的优势。在这一点上，邓锡铭感触深刻，出访前他想起了曾在一本书中看到的一句话："智者从敌人身上学到的，比愚者从朋友身上学到的还多。"该如何做一个智者呢？邓锡铭必定有自己的想法。

用实力证明自己

为促成中日激光科研项目合作，邓锡铭事先作了周密部署。1995年11月15日，他给高专办领导写了一封长信，对访日事宜有如下请示。

高专办并转杜首席：

此次赴日商讨中日合作开展X光激光实验一事，在邓锡铭院士的带领下，日方较为重视，进展较为顺利。访日正式汇报、总结以及商谈纪要容后上报。今先将合作实验要点汇报如下：

双方商定，约在明年9月，利用GEKKO XII装置之两路激光合作进行一轮实验，用多脉冲泵浦类Ni离子电子碰撞激管机制X光激光实验，靶材将从Nd、Ce、Te、Ag中选一两种，因为功率密度较临界。实验时，第一，我方需设计、加工两套靶架系统，以便实现多靶串接实验的精密调整。第二，日方提供以往类Ni实验数据及原子参数，建立简化反转动力学模型，由我们用系列程序进行数值模拟，指导实验。

上述实验需立即着手准备，在日本实验需1.5~2个月。中方需派6~7人去日本，人去再多负担也太重。日方认为实验期间加班加点，甚至打通宵都在所难免。双方都感到此项实验成败关系重大。实验难度大，因利用中方多靶（双）对接的实践经验，精细调节靶参数和反射镜参数（位置、角度等），克服X光激光在等离子体中的折射影响。将利用中方线聚焦照明技术，实验期望达到增益饱和（约在8纳米附近），并使光束管散角减少。

为此，我们承担：第一，明年上半年设计、加工两个柱面组合透镜以及两块大口径光学劈板，大阪大学负责将非球面打靶透镜以及调整架送到上海，在上海安装、调试好后运往日本。第二，因为日、美两国都做过类Ni钕双靶实验，不太成功，日本获得GL～7.8，美国的GL～6，而我们目标是饱和。在11月9日东京举行国际会上，美国D.Mauheais就警告Kato说，类Ne与Ni完全不同，类Ne容易接成，类Ni很难接。因此必须精心组织、精心调节。

此次出国人员生活费初估约三万外汇人民币，因为时间相对长一些，住宿适当降低标准，按通常短期出访费用一半来做的。国内尚需一些设计、加工费用没有包括在内。为了协调好实验，我们建议明年5~6月请Kato等两三人来华讲学及进一步协商方案、检验实验准备工作。日方在华生活费用能否以讲学名义向领导申请技术引进费。如果实验进展顺利，后期是否可请几位专家领导前往大阪指导，此事亦需提前有外事计划。

此项计划必须得到各级领导及机关支持与领导，方有可能实现。故望领导对此合作的一些大原则进行审议，并望批复之。

有关内容望转告康局长。

邓锡铭

1995年11月15日

从这份请示中，可以看出邓锡铭这一批科学家高尚的节操与博大的胸怀。出行之前做好周密部署，一分一厘节约费用，虽然一切都是公款消费，但他们从没有过享受挥霍的概念，小到住宿费、差旅费都一再降低标准，压缩开支，几乎到了抠门的地步，花公款比掏自己的腰包还要节俭谨慎。也许在一些投机钻营、图谋私利的人眼里，务实求真的科学家太过迂腐、不懂变通。再看一看在他们之后，有多少人假借出国考察的名义周游世界、吃喝玩乐，挖空心思找出各种冠冕堂皇的理由来挥霍，其奢靡程度让人咋舌，而那些真正为了交流合作的科学家却显得那样的吝啬和寒酸。从这一点上，情怀境界高下立判。

邓锡铭在生活上从不与别人攀比，更不谈个人的享乐，但是专业方面却紧盯前沿、不甘落后。

作为激光专家，邓锡铭对日本的科研实力有着清醒的认识，细数一下，日本有500项领先全球的尖端科技，激光核聚变装置就是其中一项。在惯性约束领域走的是完全直接照射和超快速点火路线，并且从实现全球第一个激光聚变装置GEKKO-XII起，日本就积累了最好的光参量啁啾脉冲放大技术，这一技术保证了不需要将激光总功做太高，最终同样可以达到内爆目的。

2014年，三名日裔科学家获得诺贝尔物理学奖。从1949年汤川秀树获得诺贝尔物理奖开始，至2014年日本共有22人获得物理、化学、医学生理学、文学、和平五个门类的诺贝尔奖。从日本成功的范例来看，亚洲黄种人同样有白种人的获奖潜质。但是中国科学家必须拿出谦虚的姿态向日本科学家学习，认认真真搞科研，精益求精抓创新。如果只搞那些跟风模仿的山寨式研究，那么注定永远无法提升中国科学家的声誉。尤其是诺贝尔奖这种级别的奖励，如不改变急功近利的浮躁风气，在短期内很难看见希望和曙光。

1995年11月1日，邓锡铭、王世绩等一行六人乘机抵达日本大阪，在大阪大学激光研究所了解激光XII，交流双方XRL进展，探讨合作设想。在16天的行程里，先后访问了大阪、浜松、东京三个城市的五家单位。大阪大学激光工程研究所、浜松光子技术公司、佳能公司、东京大学物性研究所、东京理化研究所。在东京出席了国际激光光谱及物理前沿会议。

这是一次高规模的出访，邓锡铭、王世绩在国际上都拥有很高的知名度，大阪大学激光工程所隆重接待，前后三任所长轮流会谈，对X光方面的中日合作达成共识，商定年后由中方派实验组到大阪进行合作实验。

大阪大学下设的激光核聚变研究中心于1983年建成了世界水平的"激光XII"装置，"光阳"号激光核聚变实验装置于1993年完成了概念设计，它由四座反应堆构成，每座反应堆的电力输出功率为60万千瓦。

在交流中，中方访问团提出一些思路令日本同行刮目相看。

从对方意味深长的目光中可以看出，有一种出乎所料的惊奇，他们知道这些中方专家非等闲之辈，相信在不久的将来定会有重大的创举。

离开大阪大学，转往浜松及佳能公司，商谈了购买X光显微镜事宜，两家公司均答应可为中方研制。第三站访问东京大学物性研究所激光研究部，部领导黑田教授热情接待。

改革开放后，邓锡铭先后十几次到日本进行学术访问，每到一处日本同行学者对邓先生非常尊重，因为他的科技论文多次发表在国际著名的科技刊物上。同时，在他30多次的出国访问中，曾多次担任相关科技学术交流会议大会的主席，国际光学届同行都非常敬佩他。还有邓先生从小在香港受系统教育，他的英语口语比中文口语讲得还要流利。（因他的国语里有很重的广东话味道）

日本人非常敬佩亚洲国家会说英文的人，因为日本人英文发音之差，在全世界都是出了名的。因为说不好而不敢说，不敢说便更说不好，由此造成一种恶性循环。在日本有一种怪现象：日本国民英文口语水平普遍较差，对一些非英语国家口语流利的人，如中国、韩国、香港、新加坡人，他们会显出一种崇拜甚至青睐有加的态度。对英文发音标准的日本人，则完全是另一种态度，甚至会视为日本民族的另类而遭以白眼。这种怪异的思维逻辑，实在是百思不得其解。

邓锡铭良好的英文口语让他多了一种儒雅的风采，与大阪大学教授们的交流是愉快的，也是富有成效的。作为学术知己，邓锡铭一行六人还被Kato教授邀请到家中，设家宴热情款待。同时日方还主动提出希望在X光激光方面与中方合作，经商议双方分别提出合作意向书。

在结束访问前，邓锡铭说了一些意味深长的话："中日在合作竞争中，希望成为友好和睦的近邻，成为互促共赢的伙伴。"

在东京理化研究所，激光部主任丰田教授同样给予热情的接待，他在百忙中抽出时间，全天候陪同，使考察团了解到多项激光应用研究的新动向。

科学家不仅要埋头研究，还得眼观六路、耳听八方地关注世界，待在封闭的实验室搞研究，与走出国门探讨交流是完全不同的两种方式，两者可以交叉互补，但不能轻易取代，这是真正的用两条腿走路。

东京国际激光光谱及物理前沿会议是一次引领风向的会议，大师云集，美国利弗莫尔实验室马休斯博士通报了关于当时世界X光激光的发展总动向；大阪大学黑田教授关于X光激光的最新研究成果；东京大学等关于超短脉冲激光与物质相互作用的最新进展，会后在佳能公司详细观看了光学研磨的工艺流程。

日本之行对邓锡铭的触动很大。1995年11月15日下午，刚刚结束访问的邓锡铭，在日本成田机场利用候机空隙，把访日的过程和心得用文字作了详细的记录，这篇有感而发的文章后来成为国内学界重要的参考文献。

访日背后的思索

访日期间，邓锡铭对日本这个民族有了更深入的了解。一个经受过原子弹摧毁的战败国，处处可见崛起的内力，日本经济为何能在战后迅速复苏和繁荣？日本前内阁大臣福田赳夫在一次施政演说中说过一句很有代表性的话："人是我国的财富，教育是国政的根本。"这应该就是日本崛起的根源。

战后的日本进行了比较广泛的社会变革，进一步消除了生产关系中的封闭落后因素，同时吸收了美国的先进经验，大力发展科学技术和培养人才。科技兴邦，这是日本的国策。吉田茂是日本战后最负盛名的首相，晚年以充满激情的语言写就《激荡的百年史》，总结日本民族如何战胜困难、目光远大、勇猛进取、善于学习、追求完美的特点。他说日本民族具有一种止于至善的专业精神，要么不做，要做就要做到最好，这种理念深深根植于日

1995年11月3日，邓锡铭院士（右三）率团访问日本期间受到大阪大学激光工程研究所著名光学专家Kato教授夫妻（左五和左六）热情接待，全体团员被邀请到家里做客

本民族的血液中。此乃日本历经明治维新和战后经济奇迹,得以雄踞世界第二经济强国之主因。

日本传统文化和教育的积极影响,岛国文化环境促进了日本的开放;"二战"后美军占领前,外族从未侵入和征服日本本土,也未发生过大规模的外族移入,长期安定和相对封闭的环境,使日本人养成一种特殊的民族意识,在他们的观念和感情中,异民族与日本民族有着鲜明的分界线,自然形成本民族的亲和感与凝聚力,同时形成对外民族"内外有别"的心理,这种心理成为当今日本企业团结对外竞争的集团意识的基础之一,也成为日本乐意吸收外国先进文化的属性,包括敌对国家的先进文化的心理基石。

所以说,传统的日本文化是兼容型的,具有包容性和并存性,是一种开放、多元的文化复合体。另外,轻思辨重实用的文化心理与有效吸收消化外来先进文化成果。日本人的文化心理是重现实、重实用、重实践,日本可以称为世界先进文化最优秀的继承者和实践者。在近现代,日本人成功地吸收和消化了欧洲近现代科学技术,而且极迅速,极有成效。他们拒绝失败,承认羞辱的态度深深根植于内心。

日本公司文化轻易容忍低回报,却很难容忍彻底失败,而且在日本,一心向学是根深蒂固的传统,日本公司,求学氛围十分浓厚,日本教育体制是普及型教育体制。江户时代的教育体制,已初显义务教育的雏形,明治维新初年的全民义务教育就是以此为基础。"二战"后,日本政府把发展教育作为国策，在财政极端困难的情况下，坚持实行小学和初中的义务教育，并免费为小学生和初中生提供餐点和教科书。1947年日本政府把义务教育增加了三年，每年拨出国民生产总值的6%作为教育经费。这一举措有效提高了国民的文化科学水平，为改善国民素质发挥了重要作用。由于政府重视培养人才，教育先行，并做到人尽其才，学以致用，战后日本经济增长的60%就是依靠技术进步取得的。

科技是强国之路，国力的较量就是国民素质的较量，中国的国民整体素质与发达国家相比有较大差距。英国历史学家汤因比研究过21种在历史上曾经出现过、后来又相继消亡的文明。他得出的结论是这些文明死亡的原因，无一例外，都不是他杀，而是自杀。他们失去了创新的活力，被历史淘汰出局。

1876年，美国庆祝独立100周年，在费城举办国际博览会，有37个国家参展，当时清政府也派出了展览团。在这次博览会上，英国展出了最新的蒸汽机车，美国展出了大功率电动机和发电机，德国展出加工枪炮的精密机床，而中国展出的竟然是纯银打制的27件套挖耳勺和小脚绣花鞋。毫无疑问，民族素质与综合国力在这次博览会上高低立判，而且民族悲剧在这一刻早已埋下伏笔。从科技到国民素质已充分证明，中国与欧美国家不是一个时代和一个量级的对手。可悲的是当时清政府根本没有半点危机意识，所以说，汤因比研究的自杀时代，在清朝头顶悄然降临。

反思历史，让人清醒，访日归来，邓锡铭万分感慨，日本科学家的独立精神让他萌生新的计划。在电子信息时代，这是国与国之间一次新的竞争和较量，作为一个为之献身的科学家，邓锡铭深知只有用科技才能找回民族的尊严，才能挺起中国的脊梁。

第九章　国之脊梁

一代风范

邓锡铭是新中国成立初期第一代科学家，这一代理想主义者具有热爱祖国、追求真理、大胆创新的伟大精神，这种精神战胜了无数的艰难险阻和利益诱惑，铸就了中国科学技术发展的巍峨丰碑。

回首过去，审视当下，那种优秀品质和高贵精神日见稀缺，安逸的生活、舒适的条件滋养了个人的享乐主义。旧时代闲适文人在今天又重新流行，知识分子价值取向的天平已经向那种明哲保身的实用主义、市侩主义倾斜，遗忘了那种牺牲付出、奉献的品格和烛照世界的精神。

在一些高等院校，几十名副教授、教授竞聘一个处级岗位，许多有潜质的青年科学家刚刚崭露头角就成了主任、所长、院长，忙于应酬，荒废专业。针对这种现象，2010年8月9日，《人民日报》曾以《科学家为什么想当官》为题，对科学界的官本位思想做了专门的采访调查。

近年来，官本位思想在科技界日益泛滥，"研而优则仕"的现象日益突出，让有识之士忧心忡忡。

官本位思想渗透到科学界，大大伤害了中国科技的发展，影响了学术生态。比如近几年，公务员报考异常火爆，有些岗位竟然几千人争一个职位，很多人不愿意读博士，却愿意到政府部门当公务员。在小小的权力面前，科学的力量显得异常微弱。

大家普遍认为，如果不当官，别人就看不起你。你如果是领导，就具有了重要的无形资源和广泛的社会认可，这甚至比有形资源更可怕。比如吃饭、开会，中国都讲究排座次，你要不是领导，只能排后面，只能当配角。就连项目申报和评审，如果没有挂头衔的领导或者院士参加，似乎就失去了权威。

一位曾担任过某大学校长的科学家说，每次参加活动，主持人介绍他时，总是先说，这是某某大学的原校长，这是一种下意识的行为，仿佛曾经做过大学校长，就是一种地位和资历。一个再有造诣的学者，如果没有相应的官衔级别，好像就立马失去了光彩，在世人面前站不起来。

在项目立项时是不是领导也完全不一样，领导会有实质性的决定权，专家评审机制越来越流于形式。很多科学家在当领导前后，项目申请量出现明显差别。还有你是领导，会有教授主动找到你，只要你帮着找项目，不用你干活，论文帮你写好，著作帮你完成，名全部归你，他只要拿点利，你动心不动心？

科学应该不受行政化的影响，现在行政化过强的风气对年轻人的成长极为不利。现在中国为何没有涌现科学大师？现在的年轻人在这样的氛围熏陶下成长，怎么能涌现出独立的科学大师！现在甚至连院士，也不仅仅是学术头衔，也有了强烈的行政色彩，评上院士就享有了副部级待遇，而在国外，院士仅仅是一种荣誉，与物质刺激、利益获取相隔遥远的距离。

科学是人类智慧的结晶，它被形容为皇冠上的明珠。但是，在与权力、名利的较量中，科学常常败下阵来。一些注重物质的科学家经常在利欲面前缴械投降。

热衷当官的科学家很难成为真正的大家，尽管当下物欲横流，但科学界还是存在不少精神独立、品格高尚者，他们不屑于官位，最后因突出的贡献成为全世界认可的大科学家。

现在科技界有个说法，叫做项目越来越多，成果越来越少；论文越来越多，创新越来越少；教授越来越多，大师越来越少。这确实让人深深忧虑，科技体制过度行政化是最重要的问题之一。

要出世界级的科学大师是很难的。纵观世界近代史，每一个高速发展的大国都在多个领域出现过影响世界的大师。改革开放30多年，中国发展很快，目前在经济上已经是世界第二大经济体。但让我们汗颜的是，别说在多个领域，就是在我们的优势领域，也没能出几个世界级大师。如果这个方面不能取得突破，就不能说中国是世界强国。

一个有献身精神的科学家，他的胸怀是宽广的，他心中从来没有小我，在利益面前先看看邓锡铭这一代科学家的情操气节，

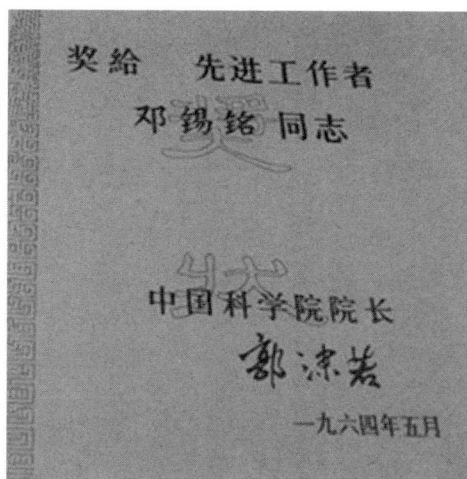

1964年中国科学院颁发给邓锡铭的奖状　刘克平　摄

从一些细节处足可看出大师的风范。

陈嘉庚科学奖被称为中国的诺贝尔奖，它参照诺贝尔奖评奖方法，以促进中国科技事业发展为目的。该奖主要奖励在数理科学、化学科学、生命科学、地球科学、信息技术科学和技术科学六大领域内有突出研究成果或重大发现的中国科学家。

陈嘉庚科学奖每两年评选一次，每项奖金总额为3万元人民币，但是同一项奖获奖人数不得超过三人。第一届陈嘉庚科学奖颁奖仪式于1989年1月17日在北京科学会堂举行。有十位在农业科学、技术科学和物质科学领域获得世界研究水平和成果的科学家受到嘉奖。这十位科学家和获奖成果如下：中国科学院西北植物所的李振声、陈漱阳、薛文江，他们研究的远缘杂交小麦新品种"小偃六号"获农业科学奖；中国科学院上海光学精密机械研究所的邓锡铭、范滇元、余文炎，他们研制的"激光12号实验装置"获技术科学奖；中国科学院福建物质结构研究所的陈创天、吴伯昌、江爱栋的"晶体非线性光学效应的基因理论和新型非线性光学材料探索"和中国科学院物理所赵忠贤的"高临界温度超导体研究"获物质科学奖。

与邓锡铭一同登上领奖台的范滇元先生，他后来在追忆邓锡铭先生的文章中写道："领奖时当场发了一个大红信封，里面装了一张三万元的领款单，颁奖仪式结束后即可去银行领取现金。"

邓锡铭荣获首届陈嘉庚科学奖，左二为邓锡铭

这是一张沉甸甸的领款单，三万元，当时是一个让人眼热心跳的数字，按照现在的生活水平来看，三万元在挥金如土的富人眼里，那只是一根牛毛，但退回到1989年，当时三万元就绝对是一笔巨款。据统计资料记载，1988年北京国有单位职工年平均工资2160元，城镇集体职工1818元；而上海的国有单位职工的平均工资也只有2354元。谁敢小看这三万元？那可是一个职工13年

的工资总和。

过惯了俭朴生活的邓锡铭，从娘肚子出世也没有见过这么大一笔钱，他们三位大老爷们面对这笔巨款有点发愣，拿着单子去领款时，全都显得诚惶诚恐。赴京前他们就做好了准备，三人都专门缝制了一条腰带，将钱藏在腰带里，确保万无一失。

在银行领钱时，三人客气起来了，谦让着，谁也不愿先领，后来柜台职员催他们了，才走过去。一人取款，另两人轮流警戒，站在后面的人不时朝门外张望，审视着出入者的动向，他们害怕万一被歹徒盯上，把钱款窃走，惹来麻烦，甚至危及人身安全。

他们第一次体会到，钱原来是一种心理负担，打乱了他们安静的生活，使原来平静的内心变得忐忑起来。走出银行大门，那种感觉更加强烈，好像迎面而来的每一个人都显得神情古怪，似乎都有一双透视眼，能看到他们身上藏着大捆的现金，身后踢踢踏踏的脚步声，都是跟踪者。多年后他们回忆取款时的情景，不禁暗自发笑，那样子简直是上海滩地下党在秘密接头。

鼓鼓囊囊的腰带绑在身上很不自然，整个人都坐立不安，像一把烙铁，烙得人腰眼发烫。从上火车那一刻起，就显得高度紧张，根本不敢睡觉。一路上像临产的孕妇，不时用手搂着肚子，护住腰部，显得神经兮兮，就这样小心翼翼地把钱拎回了上海。

列车呜呜叫着，驶进了上海站。终于到站了，三位领奖者长长地松了口气。他们虽然经常往返于京沪铁路，但这一趟京沪之旅却与往常截然不同，感觉特别遥远和漫长。走出熟悉的上海站，他们没有急着回家报喜，而是一同赶往所里，处理好身上这些钱款，他们急需恢复之前那种无钱一身轻的状态。

在回研究所的路上，三人不免相互打量，猜测着彼此的心思。他们都是迷恋科研的人，对世俗上的事情很少留意，但是这一刻竟然感到了为难，谁都不好率先表露自己的想法，怕另外两人反对，万一抵触起来，事情就会弄得非常尴尬和难堪。

在办公室坐下后，邓锡铭冲了三杯茶，然后关上门，进入了正题。晋朝虞溥《江表传》有曰："天下智谋之士所见略同耳。"对奖金的分配问题虽然事先没有任何讨论和沟通，但是没想到，关键时候三人的意见却惊人一致。表明这笔钱决不能私分，要全部存入银行，每年取出利息，用于奖励在激光科学领域做出贡献的人。形成决议时，三个人的脸上都笑得灿烂如花，手上那杯绿茶也感到格外香甜，那一刻他们理解了什么叫同心同德。

三个视科研为生命的人，从来都没有半点私利，正像《牛虻》的作者伏尼契说的："一个人的理想越崇高，生活越纯洁。"他们惦记的是科技的发展、国家的强大，金钱、名誉对他们来说永远是腐朽的身外之物。

甘当人梯

那场运动像一窝白蚁腐蚀了学术肌体，蛀空了思想灵魂。那些如金子般的光阴流水似地哗哗逝去，让一个惜时如金的科学家万分伤感。恢复工作后邓锡铭有一种与时间赛跑的紧迫感，他感到手头要干的事情实在太多了。

1977年到1987年，那是十年的攻坚，邓锡铭带领上海光机所科研骨干，成功研制出大型高功率激光实验装置——"神光Ⅰ"装置。为核爆模拟、高压状态方程、X光激光提供了重要研究手段，取得国际一流水平的物理成果。1990年，"神光Ⅰ"装置获得国家科技进步奖一等奖。

科技进步奖奖章　刘克平　翻拍

核聚变研究是一个国家战略层面的研究，邓锡铭深有感触，在资金和条件上不能与美国、苏联这两个大国相比。在室内核试验上，美国完成了4000多次的试验记录，苏联也有2000多次的记录，而我们只有几百次的试验记录。在资金投入上，美国当时已动用了12亿美元。

禁止核武器试验是全世界爱好和平的人民的一种美好想象。在他们善良的愿望背后，却是美国的核武器试验进入到一个更高深的阶段。为什么美国在禁止核试验协议上会带头签字？因为他们完全可以在室内完成试验，而绝大多数国家并不具备这个能力，所以美国想以此来遏制其他国家的核试验。

面对国际、国内的形势，我们该怎么办？1986年以来，邓锡铭一直担任高功率激光物理联合实验室主任；1993年聘任为国家高技术"863"计划主题项目专家组成员；1996年聘任为中国工程物理研究院科技顾问。由于邓锡铭在科学研究上的突出成就和重大贡献，1964年晋升为副研究员，1978年晋升为研究员，1993年当选为中国科学院院士。

1993年中国科学院颁发给邓锡铭的院士证书　刘克平　摄

复出之后的邓锡铭像一棵逢春的大树，伸展出郁郁葱葱的枝叶。他的工作千头万绪，十分繁忙，几乎没有休息日。他每个月坐飞机至少六次，许多论文都是在飞机或火车上完成的。他夫人梁绮梅说：邓锡铭是一个最不懂得拒绝别人的热心人。在项目研究、教学任务日益繁重的时候，很多人都来找他做顾问，粗略地数一数竟有50多个。他担任过的专业职务和社会职务有中国科学院上海光学精密机械研究所研究员、副所长、党委委员，学术委员会委员，学位评审委员会委员，中国科协委员，中国光学学会常务理事，激光专业委员会主任，中国电子学会量子学委员会副主任，中国核学会核聚变与等离子体物理学会副理事长，中国科学院、中国工程物理研究院高功率激光物理联合实验室主任，国家高技术"863"计划惯性约束聚变主题第一届专家组成员，上海市第五届政协常委、深圳市政府科技顾问、政协委员、专家联谊会会长、上海安普光电公司顾问、美国光学学会和物理学会会员；同时还受聘为中国科技大学、哈尔滨工业大学、上海大学、华南师范大学、中山大学、华中理工大学、厦门大学、杭州大学、华侨大学、华北光电所等院校和研究所兼职教授或重点实验室学术委员会委员、副主任。

邓锡铭与培养的博士生合影 刘克平 翻拍

有一次深圳请他过去作报告，为了让报告更有针对性，市政府安排了两场：一场是普及式的，面向普通干部和部门职工讲；另一场是专业性较强的，对中级以上职称的专业人员讲。两场报告作完，大家茅塞顿开。邓锡铭是我国恢复研究生制度后的首批博士生导师，在纯净的教学环境中，他目光深远，学高为师，倾情培养青年才俊。他在学术上造诣精深，在教学上无私付出，将自己的成果和心血毫无保留地传授给自己的学生。他在教学中异常严谨，每一个环节都有严格要求，他身边的学生对他既敬佩又害怕。但在生活上，邓锡铭为人随和，有些学生因家庭困难拿不出伙食费，邓锡铭就主动带学生到家里吃饭，或者直接资助他们生活费，有些学生脸皮薄、爱面子，同时也知道导师并不宽裕，不愿意接受资助。于是邓锡铭就变通方法，以项目奖励的名义发给学生，只有找出这么个子虚乌有的由头来，学生才会拿得安心，其实这些钱都是邓锡铭自己掏的腰包。

邓锡铭是一个轻视物质、不图享受的人，他结婚时，父亲从香港寄来了高级相机和自行车，后来相机成了同事和朋友们的公共物品，谁想用都可借走，自行车夏是成了别人的配件，到他调动工作时，自行车已经拆卸得只剩一个三脚架。平时别人有困难找他借钱，他从不推脱，借出去的钱不计较别人还不还。

1985年上海光学精密机械研究所导师与82级研究生合影，前排左六为邓锡铭
刘克平 翻拍

他担任导师期间，一共培养了40多名硕士和博士研究生，许多学生都学有所成，成为激光领域的著名专家，有些早已晋升为研究员、博士生导师。其中上海光学精密机械研究所原所长、激光专家朱健强就是最突出的一位。

1964年出生的朱健强，1991年考入中国科学院上海光学精密机械研究所攻读博士学位，师从邓锡铭院士。毕业后接过导师的衣钵，从1996年开始指导研究生，截至2012年，培养了研究生56人（其中硕士生18人、博士生37人、博士后1人），一批德才兼备、薪火相传的青年才俊走上重要岗位，成为新一代科研骨干。

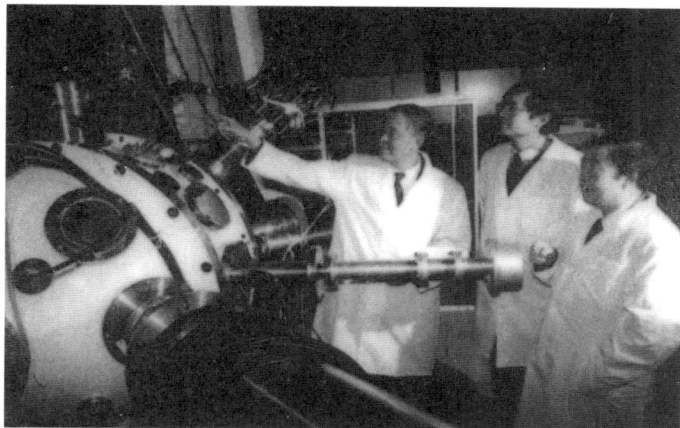

1995年，邓锡铭（左一）与青年科学家在实验室

作为项目负责人，他先后承担和完成了国家高技术"863"计划项目，国家重大科技专项，中国科学院创新工程重要方向项目、科技部国际合作项目、创新团队国际合作伙伴计划等重要研究工作。曾获国家科学技术进步二等奖、军队科技进步一等奖、上海市科技进步一等奖、中科院杰出成就奖、中国青年科技奖、

中科院青年科学家奖、首次月球探测工程贡献奖，以及"863"计划先进个人、上海市优秀发明人、上海市优秀青年科技启明星称号，并入选首批"新世纪百千万人才工程国家级人选"。发表学术论文200多篇，申请国内外专利120多个；担任2009年亚太CLEO会议组委会主席，五次受邀在国际学术会议上作报告。

朱健强在大学攻读的是工学专业，而读研究生时的专业是非线性光学，两者差距很大，需要补修很多课程。为了尽快掌握《量子力学》《激光物理》《非线性光学》等知识，朱健强潜心钻研新的专业。让他记忆犹新的是成为邓锡铭院士的学生后，他的研究有了很大的进展，在固体激光锁模技术上取得了一系列成果，先后以第一作者在国内外著名刊物和国际学术会议上发表论文。

1993年6月，朱健强获得理学博士学位后，放弃了出国的机会，把自己锁定在激光驱动器研究上。朱健强在学术上是幸运的，他进入上海光学精密机械研究所不久，参与的第一个项目就是国家重大工程——"神光-Ⅱ"工程，该工程对基础研究、高技术应用和国家安全都具有重大意义。

朱健强回忆，在"神光-Ⅱ"工程研制启动时，他受命担任工程工艺组组长，虽然平时朱健强很喜欢探索奥秘、接受挑战，但突然委以如此重任，他内心难免忐忑，甚至焦虑紧张。因为他知道自己没有任何实践经验，更没有独立完成项目设计的经历，担心完不成任务，影响项目进展。

正当他进退两难时，朱健强发现导师向他投以深情的目光，关键时刻像一座靠山站到他身边。导师的目光中包含了信任、鼓励与厚望。

这个时期，其实邓锡铭也非常繁忙，他既是朱健强的导师，又是"神光-Ⅱ"项目第一负责人，他的任务应该是最重的，但他却用一种举重若轻的心态化解紧张和压力，工作之余依旧与大家谈笑，把工作当成最大的快乐。

朱健强在导师的感染下，放下了思想包袱，逐渐树立起信心，他相信自己能行。同时让朱健强深切感受到"个人的奋斗应当融入到国家的需求中去"。

古语曰："近朱者赤，近墨者黑。"朱健强在邓锡铭身边耳濡目染，不仅学他做事，还学他做人，他认为最有效的学习方法，那就是把导师的优点全盘吸收。这一过程与邓锡铭刚分配到长春光学精密机械研究所时一模一样，王大珩就是邓锡铭心中的偶像。

在工程初始研制阶段的三年中，朱健强几乎放弃了所有的休息时间和节假日，就连近在苏州的妻儿也无法照料，对年迈的父母更不能尽到孝心。朱健强能如此全身心投入科研，能取得如此辉煌的成就，就因为拥有导师邓锡铭那样的前辈做榜样。

这样的例证还可以从另外的途径中找到。同为该项目负责人的范滇元院士，在2006年研究生课件中提到："研究生期间是系统学习本门学科基础一个极为难得的机会。要耐得住寂寞，认真研究专业，这将受益终身。"邓锡铭院士在领导开拓激光领域过程中说过："看戏要看梅兰芳，读书要读波恩狄拉克。"这如学习马列要学原著一样的道理，不仅帮助他做出了一系列原创性激光研究成果，一直到晚年，对他创立独树一帜的"光流体模型"学说起到了重要的启发作用。

邓锡铭最欣赏王淦昌先生的一句名言："学习是享受。"

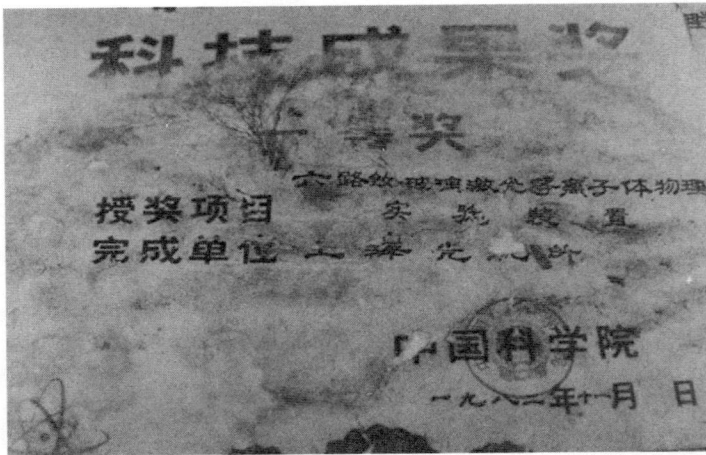

1982年邓锡铭带领上海光学精密机械研究所科研团队获得中科院科技成果一等奖奖状 刘克平 摄

朱健强说，邓院士是我国高功率激光科研领域的先驱，他有多项突出的科学成就，包括成功研制出我国第一台红宝石激光器，国内第一台氦氖气体激光器；几乎与国外同时独立提出了高功率激光Q开关原理，研制出列阵透镜被国外同行称为"上海方法"，至今还被广泛应用。

朱健强对导师有着一往情深的怀念，他深知自己的成绩都是站在邓院士那些前辈的肩膀上取得的。当年开拓以"神光"装置为代表的高功率激光工程，是一项从无到有、从有到强的过程。

1996年邓锡铭荣获国家科委颁发的特殊贡献奖 刘克平 摄

正因为有他们那一代人的努力，才使我国的高功率激光技术水平成为与国际技术差距最小的科研领域之一。在未来的几十年，我国的高功率激光工程继续拥有强大的发展空间和生命力。除事业上的贡献之外，邓院士的学术思想深深地影响了一大批科研人员，他擅长发现人才、培养人才，懂得赏识人才，他能让每一个工作人员都在特定的岗位上发挥出最大的作用和优势，让大家各施其能、各尽其职、团结合作、愉快工作。这样的能力是许多科研人员并不具备的。现在培养一个有科研能力的专家不容易，培养一个既能搞科研又能懂管理的就更难了。

20世纪60年代，邓锡铭院士等一批专家克服了三年自然灾害等不利因素，成功研制出我国第一台红宝石激光器。朱健强坦言："现在我们身处良好的科研环境，拥有充足的资金，再没有任何理由放弃追求和探索，推说困难和艰苦了。科研工作者应该把眼光放在科研工作的制高点上，要有向国际水准靠近甚至超越的信心。"

青出于蓝而胜于蓝。这是为师者最大的成就与欣慰。郭弘，一位站在邓锡铭用肩膀搭建的人梯登上科研高峰的成功者。他是邓锡铭另一位得意弟子，一位智商颇高、卓有建树的学生。

郭弘，1995年10月在中国科学院上海光学精密机械研究所博士生毕业，随后进入华南师范大学攻读博士后。1997年年底，博士后出站时，因他在科研上的优异表现被华南师范大学破格晋升为教授。

1997年至2003年，他曾任华南师范大学信息光电科技学院副院长，传输光学实验室主任、教授、博士生导师。由于他在科研教学上的突出业绩和北京大学学科发展的急需，2003年郭弘被引进到北京大学信息科学技术学院量子信息与测量教育部重点实验室工作。2005年获杨芙清—王阳元院士优秀教学科研奖（北京大学教育基金会）；获茅以升北京青年科技奖（北京市科协、茅以升科技教育基金委员会）；2004年获首批新世纪"百千万人才工程国家级人选"（国家人事部等七部委）；2000年获第九届中华全国青年联合会委员；获国务院特殊津贴；获霍英东基金；1999年获广东省十大"青年科学家奖"；1997年获第四届"全国激光科学技术青年学术交流会"优秀论文奖（国家高技术"863-416"主题专家组）。

邓锡铭获得的荣誉奖章　刘克平　摄

郭弘说："我的导师邓锡铭院士是一位非常了不起的人，他最大的特点是言简意赅。他反复跟我们强调'伤其十指不如断其一指'。也就是说，一个人可以看似什么都懂，但其实他什么也不懂。要真正弄懂一样东西，就得干脆把那一个东西搞透搞扎实，这比你像万金油一样要好得多。"

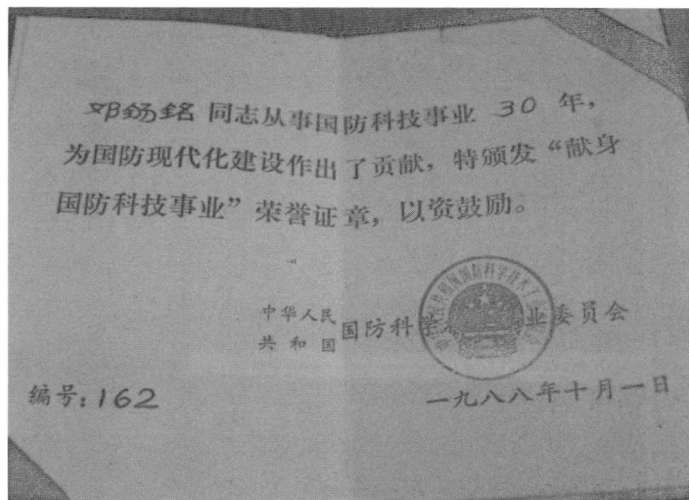

1988年国防科工委给邓锡铭颁发"献身国防科技事业"的荣誉证章　刘克平　摄

邓锡铭的治学理念深深地影响了他的学生，在专业领域里要做就做最好的，他的成功经验再次验证了一句话："一个人一生只要做好一件事，也必须做好一件事。"

2011年12月，中山大学出版社出版了由陈君泽、龙守谌主编的大型回忆录《"零时"起爆：罗布泊的回忆》。该书收入了杨济民撰写的《在邓锡铭院士的指导下我参加了激光测速仪的研制》一文。我们透过他同时代的科技工作者的回忆，重回那段遥远的岁月，从字里行间去感受院士的风范。

回忆我在二十一所的七年战斗生活，最值得记忆的：一是操作3000次／秒高速摄影机参加了我国首次核试验；二是与上海光学精密机械研究所协作，在邓锡铭教授的指导下参与研制了我国第一台用于核试验的激光测速仪。

一天，忽然接到北京的电话，孙瑞蕃主任要我赶快进京接受新任务……

要我搞激光，这真叫我又惊又喜！激光技术当时在世界上出现才四年多一点，我国开始搞激光也才三年多！

我把自己关在房间里，用一个星期的时间认真地阅读完那些报告资料后，我觉得上海光学精密机械研究所唐贵深的《红宝石染料调脉冲激光器》报告中的一些数据，比较接近我们的要求。再深入了解一下染料调Q的特性后，感到如何解决激光脉冲信号与被测的原子弹爆炸火球同步是个大问题。原子弹爆炸是一个瞬变现象，我们要测量的是原子弹起爆后几个微秒钟那个瞬间的火球扩展速度，激光脉冲的持续时间才20毫微秒钟，而染料Q开关是被动调Q，Xe灯触发到激光脉冲射出的时间很不稳定。当即我向孙主任做了汇报，他马上找程所长谈了我们的想法。程所长当机立断带孙主任和我开车去北京科学会堂拜访在那儿开会的上海光学精密机械研究所副所长邓锡铭教授。邓所长听了我们的想法，略加思索后建议我们马上派人到他们所，一同做个判断试验。就是如何用二次脉冲激励的办法，使被动调Q的激光脉冲时间可控性大大改善。我真的对邓教授敏捷的思维佩服不已。他分析说："脉冲Xe灯触发信号开始，到染料被漂白激光脉冲射出的这段时间大约几毫秒钟，或早或晚，会相差几十微秒钟。"

前往上海光学精密机械研究所做判断试验，经过一个来月的努力。其间解决了快速响应的纳米脉冲示波器和高压球隙开关等器材问题，观察到了高压触发信号到激光脉冲射出的时间能稳定在微秒之内，解决测量的同步问题大有希望。到邓所长家中关起书房门来研究讨论一番后决定，我们回京汇报……

上海光学精密机械研究所组织了以邓锡铭为课题负责人的攻关小组，成员有七室的刘主任和九室（电子学研究室）的崔主任，还有清华大学1962届的梁培辉等人。

这个试验取得成功，唐贵深、吴兆庆与林富贵等人负责的Xe灯双脉冲放电激励试验也有了满意的结果。邓所长很快主持召开了项目组全体会议，并提出了激光测速仪的实际构想，我们立即转入了仪器设计定型阶段。从早上8点到晚上10点，除吃饭之外，我们几乎都在实验室工作，大家热情之高，工作干劲之大，让自己也不敢想象，使得1985年邓所长与我在南京的全国激光论文报告会上相遇时，仍然十分动情地说："我真正地十分怀念搞激光测速仪的那段日子！"

乔福堂是邓所长点的将，他还真有一手。半个月不到就拿出了激光测速仪的全部图纸。据说他只有中专学历，刚刚分到长春光学精密机械研究所时只是个描图员，经过五六年的历练，逐渐成长为一个杰出的机械设计师。王树森更有一手绝活，我们在实验室这样那样地凑合摆弄搞一个试验，他只要看上几眼，就能帮我们搞出一套像模像样的实验装置来。他是科研人员的宝贝助手。

到了突击加工赶进度的关键时刻，孙主任派高泉生和张尤两位大将来上海加强工作，我顿感担子轻多了。时间只剩两个来月，要按时完成难度真大啊！这时，程开甲所长和孙主任亲自到上海，1965年9月底抵达陕西北路与南京路附近的一间部队招待所（沧州饭店），召开了两个联席会议，审查进度，解决问题。

我根据会议记录连夜赶写的会议纪要草稿，得到了孙主任的赞扬，没有做太大的改动，被作为会议纪要通过。现在，不仅光学精密机械研究所，整个上海都为我们开了绿灯。拿着华东局的介绍信，我们很快在上海交通大学落实了两台激光测速仪的加工任务；接着，我和邓所长到长春光学精密机械研究所找薛铭球落实了发射望远镜和接收望远镜的设计加工。一切都在有条不紊地加速运转。不仅我们，所有参与协作的单位和人员，全在加班加点地干。10月下旬，仅仅40余天就在上海光学精密机械研究所开始了仪器的总装联调。这是多么快的速度啊！实验室内彻夜灯火通明，又是七个昼夜的苦战，我国第一台激光测速仪总装完成了。时间上比原定的期限提前了将近1个月。

为了试验一个整机效果，我们在上海光学精密机械研究所与相距3公里左右的上海铜仁合金厂的楼顶平台，进行了几天的对靶试验。我们用刚刚从丹麦进口的手持步话机通信联络，那个东西当时十分稀罕，颇为吸引眼球。

一切准备就绪，就等进场执行任务。一天，北京传来命令，仪器装箱运往通县。原来试验任务时间推迟。

既然还有时间，那就安排用TNT炸药透镜模拟几百万个大气压，用激光测量冲击波波阵面的速度，那会与实践相当吻合。于是，1966年年初，我们在通县靶场做起了激光测速模拟试验。一干就是两个来月，放了十几炮，就是不见返回的激光干涉条纹，把刘顺福主任急得直跺脚，赶快打电话把邓所长请来。邓教授来后，我们又放了几炮，仍然不见移动的干涉条纹！怎么回事呢？大家急得团团转。程所长主持召开了有邓所长、孙主任参加的会议，仔细听取了大家的情况介绍后，程所长果断地指出："炸药透镜的靶材用错了！"按邓所长的指示，我们用直径180毫米、厚20毫米的玻璃磨平磨毛，再熏上一层氧化镁，作为贴置在炸药透镜前的靶镜。程所长解释说，常温常压下反射性能好的东西，在几百万摄氏度高温和几百万大气压下早已不是那么回事，你们应该用自由电子特别丰富的金属材料作靶镜，炸药产生的高温高压，会形成反射良好的电离层，比什么靶镜都好。我们赶快从加工厂做了几块铝靶镜，用这种铝镜放一炮就拿到了结果。大家那个高兴劲就别提了，邓锡铭对程所长更是佩服得不得了，他说：

195

"什么叫理论指导实践，这就是例子。程所长不愧为伟大的理论物理学家！我又增长了许多的见识。"

1966年，我们所决定继续与上海光学精密机械研究所协作，研制"激光测速仪二型"（把红宝石激光测速仪定为一型），激光器改用输出脉冲功率更大的钕玻璃激光器，频谱分析器由法卜利—白洛干涉仪改为定向反射光栅，记录也改照相法为光电记录法……

1966年9月，我赶赴上海参加攻关总装联调。11月底，激光测速仪二型包装发往新疆场区。

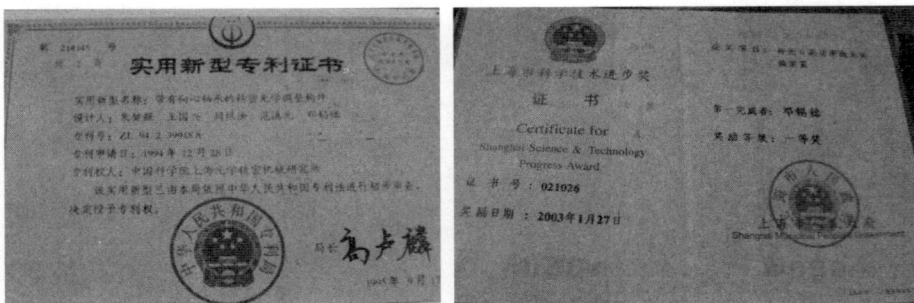

邓锡铭获得的专利证书和获奖证书 刘克平 摄

从亲历者的回忆中，我们可以看出，邓锡铭那些年从没有过一刻的停顿，他以不知疲倦的精神在领跑科研团队，他对同行的帮助和激励，让人永生难忘。看到这样的细节犹见其人，仿佛邓先生仍然在实验室中忙碌。

院士报告

在我们的印象中，科技讲座、学术报告大都枯燥乏味的，一些高深莫测的学术名词，生涩难懂，让人云里雾里，不知所云。可是没想到，持这种观念和态度的人，在某种时候会出现大错特错的判断。

为实施"科教兴国"和"可持续发展"战略，提高全民科技意识和科学素质，1997年3月，新华出版社出版了大型科普图书《共同走向科学——百名院士科技系列报告集》，其中收入了邓锡铭的科学报告《近代科技和信息化》。

此前我一直认为，整天封闭在实验室里的科学家，有点像正襟危坐的官员，显得呆板沉闷，缺少浪漫情趣。看了100名院士科技报告集之后，我才猛然醒悟，原来学养深厚、触类旁通的科学家们，不仅具有超强的预见性，能准确地判断世界的未来走向，而且他们的报告更是文采飞扬、妙趣横生，古今中外，历史、地理信手拈来。

生动活泼、雅俗共赏的背后是扎实的学术功底和独到的表达能力。我们一起感受一下邓锡铭院士的报告：

今年是邓小平提出"科技是第一生产力"20周年，同时又是执行高科技"863"计划十周年，这个时候，大力宣传科教兴国的方针，大力普及科学知识，破除迷信是非常有意义的。

对科学普及的兴趣，因人而异，有人兴趣甚浓，有人认为枯燥无味，不如看一场时装表演。我是从小就对科普入迷的人，《少年爱迪生》《伟人爱迪生》两部电影对我后来的科研生涯起了决定性影响。电影《居里夫人》我看过多次，电影里居里夫妇发现镭元素的那一刻深深感染了我。今天我不打算像电视科技节目那样阐明一项新技术发明的原理及其应用，而是追踪一项科学成就的背景，并且作历史对比，探讨它对社会发展的近期及远期影响；还要反过来讲社会的需求对一项新科技出现的强大促进作用。我想只有综合成百上千科技发展及其对社会影响的事例，才能自觉理解邓小平提出的"科技是第一生产力"这样一个伟大的论断。

邓锡铭院士的报告自始至终见不到简单的说教，开篇的话就非常抓人。他没有硬性灌输专业术语，炫耀自己的高深学问，而是用家常的聊天方式谈什么是近代科技，近代科技是从什么时候开始的。

如果把几千年的人类文明史和近代科技史作比较，就可以看出，近代科学技术的兴起，只占很短的一段历史，按照诺贝尔奖金获得者杨振宁的划分，真正称得上近代科学技术的起点是从300多年前牛顿的《数学原理》一书开始的。

为什么用一本书的出版来划分？为什么不以瓦特发明蒸汽机来划分呢？我赞成杨振宁的划分。因为这种划分是以现代科学思想体系的确立为界限的。确立这个由全人类共享的科学思想体系是至关重要的，如果没有它，也许今天我们仍处在中世纪的愚昧时代。

当时多少代人在黑暗中去探索"点石成金术"而均以失败告终，多少代帝王去追求"长生不老术"而得到的却是皇帝的短寿。即使在今天，离开近代科学思想体系去盲目探索，还大有人在。这就是"隐身术"一类的巫术和封建迷信的活动。

当然，牛顿之前不是没有科学技术。火药、指南针等都是中国古代重大科技成果。"一尺木棒，日取其半，万世不竭"。就是中国古代微积分学的萌芽。但是，还不能称之为"体系"，还没有形成严密的综合和演绎的思想方法并接受科学实验来检验的科学思维体系。自文艺复兴之后，这个思想体系的框架经过许多伟大的哲学家、科学家的努力，直至牛顿才最后形成。从此科学和技术就以已往不可比拟的速度向前发展。由此可见，这个思想体系的确立要比一项单独的发现或发明更为本质、更为重要。因此杨振宁就把牛顿的《数学原理》一书作为近代科学与古代科学的分水岭，这是很有道理的。它是近代科学文明的一个伟大里程碑。

建立近代科学思想体系不是一帆风顺的，其中包含了许多激烈的，甚至是残酷的斗争，因为它触犯了当时宗教的教义以及各种保守势力。哥白尼的地球绕太阳运动的学说直至他临终前才敢拿出来出版；教会还对伟大的物理学家伽利略宣判罪名，这个案子维持了三四百年，直至前几年才由教会宣布平反。没有这批坚持科学真理的科学家的斗争，就没有今天的科技繁荣。他们伟大的科技成就和崇高的人格是值得后人永远尊敬的。

科技和社会的双向影响。出现了高科技产业群和大批高科技产品，这些产品的性能和功效与50年前相比都有成十倍、成百倍，甚至成万倍的提高，有的更是过去难以想象的。例如，当今巨型喷气客机的动力是20世纪40年代客机的30倍，安全性能提高了100倍。一座500万千瓦的核电站可省去一条专供运煤的铁路。

20世纪50年代开始普遍使用的抗生素挽救了数以亿计的生命。合成纤维的出现解决了世界几十亿人的穿衣问题，结束了新中国成立初期家家户户补袜子的年代。一块与CD光盘同样大小的只读光盘（CD-ROM）可以储存新中国成立40多年来的《人民日报》的全部文字；几万人可通过一根比头发还细的光纤同时通话；今天同样规模的电子计算机比30年前的功能提高了10000倍以上。一个小小的全球定位系统的定位精度达到1米。在战争技术方面，由于使用了核能使炸弹爆炸能量提高了100万倍，常规炸弹装上激光导引头，使得高空投弹的命中半径由100米提高到近1米，实际达到百发百中，使得武器装备进入了精确武器时代，大大减轻了后勤系统。所有这些，在半个世纪以前都是难以想象的……

最典型的例子莫过于计算机，从286个人计算机到586奔腾，短短十年间已更换了三四代。电视领域即将迎来数字化高清晰度电视的新时代，电视屏也面临新的革新。刚刚问世的VCD（紧凑型的激光视盘）估计也只有几年寿命而将被清晰度更高、容量更大的DVD所代替。

处在当今高科技急剧发展的年代，为了企业自身的生存和保持世界市场占有率，世界各高科技产业大集团公司都不惜投入巨资来发展、开发高科技产品，每年投入的经费高达其产值的5%～10%或更高，即把利润的大部分都用于研究与发展。例如，日本松下电器公司每年投入的研究、开发的费用比中国科学院全年的科研经费还要高几倍……

著名学者钱学森早在20世纪五六十年代就指出，由于科技迅猛发展，生产效率成倍增长，社会上白领阶层的人终有一天超过蓝领阶层。世界近二三十年的发展证实了他的预言。

现在让我们回过头来展望一下明天，要预测明天的社会发展、明天的生活方式，不是一件容易的事情。即使您具有最丰富的想象力，也难于准确预测。在神话小说《封神榜》中，古代的千里眼、顺风耳，已成为今天的生活现实，现在能准确预测的一点是我们将要进入信息化社会。在说明信息化社会之前，我举一个例子，在不久的将来，您可通过电视购物，不需到百货公司，各种服装在荧光屏上让你挑选，同时还能把您的头像在荧光屏上和服装合在一起；更奇妙的是，您可以通过虚拟现实技术，能感觉到衣料的手感。这就是未来信息社会给您带来的好处之一。

什么是信息化的物质技术基础？应该从不同层次、不同侧面来回答。先从最基础的科学层次来看，20世纪有三项最伟大的发现，这就是物理学方面的相对论和量子论、生物学方面的DNA结构的发现。相对论是原子能利用的理论基础；DNA结构及其理论是生物工程的理论基础；什么样的重大技术的理论基础是量子论呢？原来，以芯片（集成电路）为核心的计算机技术和以激光为核心的光电技术的理论基础，正是20世纪三项伟大发现之一的量子论。

之所以要从最基础的科学层次提一下这个问题，就是要提醒人们不要"忘本"，不要轻视基础科学的研究，不要把基础科研看成是可有可无，浪费人力、物力的事情。试想，假如今天还没有发现量子论，就绝对造不出集成电路，也就不可能有现代的计算机技术及由此发展起来的现代信息产业。同时，没有量子论，就绝对不可能发明激光，没有激光就不可能有光纤通讯，不可能有光盘技术，不可能有以光二极管为基础信息显示技术等。

因此，一方面，不要忘记今天的信息技术与近一个世纪前开始发现的量子论之间关系；另一方面，也不要忘记现代信息技术赖以生存和完善的两个最基本的技术——集成电路与激光，缺少当中的哪一个都形成不了完整的信息化技术。所谓信息高速公路就是一个大容量、高速度的信息传递网络及其配套技术设施，而当中的"公路"就是以光纤连接成功的。有"公路"就需要有"车子"去搬运信息，运信息的"车子"即信息的载体不是别的，正是激光。

信息显示技术的发展也是日新月异；其中，液晶和激光技术扮演了最重要的角色。计算机输出的机械打印质量是无法与近十年发展起来的激光打印机相比的；各种机械式显示牌(如机场信息显示)已被激光二极管显示牌所取代，世界每年光二极管的产量(个数)达到了天文数字。

通观信息技术的几个组成部分就可看出，以激光为核心的光电子技术占有多大的比重，若再展望一下即将到来的光纤进入家庭时代，信息技术的广泛应用又将更上一层楼。

展望21世纪，将是信息化、生物工程化和广泛应用原子核聚变能的世纪，社会生产力以此为依托将要提高到前所未有的高度……

邓锡铭的科技报告提到了激光，并简约地展示了激光应用的前景。但是，在一份普及性的报告中，他并没有展示激光技术在航天、"两弹一星"中的实践。这是因为对科学思维比较贫乏的中国人来说，需要一种穿壁引光的指引，我们作为一个普通听众和读者的知识局限，理解不了高深莫测的科学架构。航天飞行，外星奥秘是哥白尼、伽利略、祖冲之、落下闳、齐奥尔科夫斯基、科罗寥夫、加加林、布劳恩、钱学森等出类拔萃人杰的智慧理想。这种高深知识只有邓锡铭和那些科学家们才能窥视到激光与航天技术的无穷奥秘，而这个奥秘在数十年前就通过邓居壁画的象征和暗示作了形象的预言。

1990年在呼和浩特举行的第十届全
国激光学术报告会的徽章　刘克平　摄

邓锡铭在19年前就高瞻远瞩，预测到了今天的趋势，看到了我们即将经历的未来。他们那一代科学家具有超前的战略眼光，他们把我国的科技事业引向了灿烂的高地。闭目遥想，19年之后的今天，我们仍然可以想象报告厅内那雷鸣般的掌声。

超前是一种目光的犀利，需要有一双灵动的慧眼，它能穿透雾霭，预见到一片清朗的生机。所谓超前思维，就是多角度、全方位地分析事物的历史和现状，从现实出发，认识未来，把握未来的发展趋势，获得常人不能得知的信息，从而提前做出正确判断。超前思维既是人们认识世界的重要途径，也是帮助人们趋利避害、防患于未然、成功地改造世界的重要手段。

人类社会五光十色的科研成果，无疑都是超前思维的伟大丰碑。齐奥尔科夫斯基从当时的气球飞行前瞻未来，以超前思维谱写了"星际航行三部曲"，提出了多级火箭宇宙空间飞行的设想，为世界航空航天事业突飞猛进的发展架构了桥梁；卢瑟福超越研究放射性原理，探索出了原子分裂的过程和基本结论，为后人顺利迈进核门槛奠定了基础；贝尔德出于对电子技术的好奇，着魔似的迷上了电视发明，终于使人们的视线突破了时间和空间的局限……

回顾世界科技发展史，牛顿的经典力学、爱因斯坦的相对论、普朗克的量子理论、孟德尔的遗传学等，这些都是超前思维的硕果。

超前思维的重大作用就在能使人们通过前瞻性思考，帮助人们规划和调整思路，从而实施正确的决策，获得良好的发展方向。

被称为中国汉字激光照排之父、有当代毕昇之誉的王选就是超前思维的成功范例。

在20世纪的后半叶，中国有数十所大学和研究院所都同时研究汉字照排技术。为什么只有北京大学的王选教授的研究组成功了，而其他人没有成功？最关键的原因就是王选具有创新超前思维。

在大学期间选择专业时，王选就表现出了特殊的眼光。大二下学期，要选专业了，同学们议论纷纷。当时纯数学是班里最热门的专业，力学其次，而计算数学是个冷门，北京大学刚刚设立这个专业，学生对其知之甚少，甚至连正规像样的教材也没有。学这个专业是否会有前途？很多人表示怀疑。当时对选择专业，众人一致的意见是，学纯数学和力学可以充分利用大学短暂而宝贵的时间，多学一些有用的知识。

可王选的思维与一般人不同，他偏偏选择了计算数学这个冷门。多年后，当谈及这次选择的原因时，他说是看了1956年1月刚刚制定的12年科学技术发展远景规划，其中原子能、自动控制、计算技术被列为重点发展学科。

在百废待兴的新中国，卫星上天也好，导弹研制也好，都离不开计算技术。19岁的王选能把自己的专业选择与国家、社会的需要结合起来，在那个一切服从"祖国的需要"的年代，似乎顺理成章，没什么可大书特书的地方。但他早就认识到社会的需要往往是科学进步、科技创新的原动力，个人只有将所学的专业知识用于解决社会需要的实际问题，才能真正体现个人的价值，才能构筑自己人生的大好前程，这是多么难能可贵的品质啊！

1975年5月，在激光照排技术研究中，北京大学成立了汉字精密照排研制协作攻关组。当时的难题是汉字的储存以及汉字字形信息的还原输出。如何攻克这一难题呢？王选运用了轮廓描述和参数技术相结合的方法解决了汉字信息压缩难题，为汉字激光照排系统的研制做出了一大贡献。他发明的汉字激光照排技术被誉为"汉字印刷术的第二次发明"，使中国古老的印刷术告别了铅与火，迎来了光与电。王选这项发明让出版印刷行业再次腾飞，但是很少有人会把他的发明与邓锡铭他们的研究产生联想。其实这就是学科延伸的结晶，没有激光的研究，就没有激光照排之说。 就如邓锡铭在科技报告中所言："没有量子论，就没有信息产业，没有激光。"

任何一个科研领域都不是天外来物，学科交叉，互相渗透，才能推动技术进步。那是一个闪光的群体，坚定不移的执着精神成为他们强大的动力，邓锡铭何尝不是如此！他从踏出校门的那一刻开始，锁定科研目标，即使深陷囹圄，被批斗管制，他心里还是在想着激光。岁月蹉跎，但他不忍荒废，重返科研岗位后，日夜奋战，朝科技的高峰一路挺进。

院士的报告就是院士的心声，我们可以听到一个时代滔滔不绝的回音。邓锡铭在一场别开生面的报告会上，展示了信息社会的万千变化。超前的思维、宏观的视野让人们知道了未来世界的激烈和精彩。十几个春秋过去，邓锡铭的声音犹在我们耳边回响，院士的身后有大批的追随者，他们正以百倍的信心在科技的号角中奋勇前进。

第十章　星辰陨落泪长流

积劳成疾

我们对新中国第一批科学家的怀念可以从一首歌开始：

在爱里在情里/痛苦幸福我呼唤着你/在歌里在梦里/生死相依我苦恋着你/纵然是凄风苦雨/我也不会离你而去/当世界向你微笑/我就在你的泪光里/你恋着我我恋着你/是山是海我拥抱着你/你就是我我就是你/是血是肉我凝聚着你/纵然我扑倒在地/一颗心依然举着你/晨曦中你拔地而起/我就在你的形象里……

这是1988年中央电视台为讴歌我国科技精英摄制的大型电视系列专题片《共和国之恋》的主题歌。该片通过大量珍贵的影像资料，讲述了新中国成立以来，以钱学森、李四光、张广厚等为代表的科技知识分子面对落后条件和艰苦环境，克服种种困难，在各自的科研领域无私奉献、奋勇攻关的感人事迹，展现出他们的崇高品质和爱国情怀。

《共和国之恋》是一部剖析中国知识分子在特定历史时期命运走向的电视片，记录了老一辈科学家可歌可泣的动人事迹，表现了他们对祖国的深厚情感和无比忠诚。《生死相依我苦恋着你》作为该片的主题曲，词作者刘毅曾深情地回顾了自己的创作过程。他说每一句歌词都是用科学家真实的事迹提炼而成，像张广厚积劳成疾，英年早逝，于是有了"纵然我扑倒在地，一颗心依然举着你"。邓稼先回国后献身国防，进驻原子弹基地，一去十几年，杳无音信。他妻子日夜煎熬，望眼欲穿，丈夫生死未卜，她实在忍耐不住了，只好跑去找张爱萍将军。女人一脸急切，含泪倾诉："我知道他在的地方不能联系，我也不想打听他在哪儿，但我只要您跟我说一声，他是不是还活着？"

面对亲人的呼唤，久经战火的张爱萍将军也心潮起伏，无法平静。他努力克制着自己，在遵守保密纪律的原则下，轻轻地告诉她："你放心，邓稼先还活着。"

听完这句等待已久的话，邓稼先妻子许鹿希再也忍不住奔涌的泪水，站在张将军面前不停哽咽。邓夫人回忆1958年夏秋之际，钱三强找到邓稼先，说国家要放一个"大炮仗"。由于工作高度保密，邓稼先对妻子一字未提。在许鹿希的眼里，丈夫是个很坦荡的人，像水晶一样透明纯粹，容不了任何杂质。那天晚上邓稼先辗转反侧，怎么也睡不着。许鹿希知道丈夫心里有事，于是问他怎么啦。邓稼先说自己要调动了，要去做一件对民族很有意义的事情，今后包括自己的生命都要交给这件事。许鹿希对邓稼先的工作表示支持，她说："天涯海角我都可以去！"于是歌词里就有了"当世界向你微笑，我就在你的泪光里"。

那是一个激情燃烧的岁月，他们为祖国强大付出了全部的心血和汗水。邓锡铭与前辈们同甘共苦，以他们的精神品格作为参照，不管在工作上，还是在生活中，尽心尽责，无私地帮助别人。

据邓锡铭的家人和同事们回忆，邓锡铭平时什么活儿都揽着干，大小事情都会去关心，吃饭走路都嫌浪费时间，连上厕所都在思考问题。许多论文都是在火车、飞机上完成的。他关心同事，关心学生，关心课题，什么都在关心，唯独没有时间关心自己的身体。有时发烧、关节痛，妻子让他上医院，他总是一拖再拖，不愿耽误一分一秒的时间。

做实验，搞科研，长年累月，马不停蹄地奔忙，有时连停下来歇口气的机会都没有。处于安逸中的人们，想象不到一个惜时如金的科学家是如何分秒必争的，对邓锡铭繁重的工作任务，局外人无法细腻描写和逐一复述，也无法用一串精准的数据来概括，但只要粗略地梳理一下他的研究成果和工作轨迹，就能看出他是如何超负荷工作的。

1972年出狱，邓锡铭遭受了精神和肉体的双重折磨后，已骨瘦如柴，成了一个苍白的人影。可是在这种情况下，他仍然不顾自己的身体，迅速投入工作。他抓紧时间把在监狱中思考过的光束传输理论转化成论文，公开发表。

1974年，他有了一项重要的发现，采用激光驱动聚氘乙烯靶发生反应，并观察到氘反应产生的中子。这是一次重大的突破，

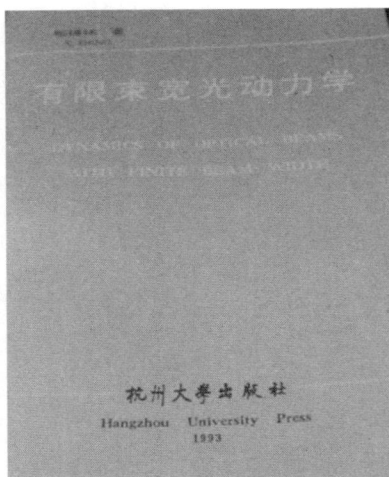

邓锡铭出版的激光专著
《有限束宽光动力学》

当年王大珩率团出访美国、加拿大，他很自豪地介绍中国自产的强激光装置已打出了中子。消息发出，令国外同行刮目相看，他们没想到中国这么快就追上来了。加拿大专家当即表示，中、加两国在这一领域已处于同一水平。

1977年，邓锡铭在上海光机所利用1千瓦的六束激光系统装置，对充气玻壳靶照射获得了近百倍速的体压缩，使我国的激光聚变研究进入了由逐级论证向心聚爆原理的重要发展阶段，为后来的持续发展奠定了基础。

邓锡铭研究论文集上、中、下三卷 刘克平 摄

1978年国家恢复研究生招生工作，上海光学精密机械研究所担负起培养学科人才的重任，1982年开始招收博士生，邓锡铭成为首批博士生导师。

1980年，位于上海嘉定清河路390号的中国科学院上海光学精密机械研究所内，安装了一台大型高功率激光实验装置，这就是赫赫有名的12号实验装置（简称神光–Ⅰ）。邓锡铭为这个装置倾注了全部心血。在后来的实验过程中，12号装置不负众望，在激光惯性约束核聚变和X射线激光等前沿领域取得了国际一流水平。该装置是中国规模最大的高功率钕玻璃激光装置，在国际上也是为数不多的大型激光工程。它的建成为世界前沿领域的激光物理试验提供了有利手段，对尖端科研和国民经济建设发挥了重大作用。

1993年，国家"863"计划确定了惯性约束聚变主题，进一步推动了我国惯性约束聚变研究和高功率激光技术的发展。1994年，连续运行了八年的"神光–Ⅰ"退役，同年5月18日，"神光–Ⅱ"装置立项，工程启动，规模比"神光–Ⅰ"装置扩大了四倍。

"神光–Ⅱ"装置采用国产高性能元器件，独立自主地解决了一系列科学技术难题，达到国际最先进的高功率固体激光驱动器水平，实现我国在这一领域的新跨越。

建造"神光–Ⅱ"装置时，邓锡铭从立项论证、组织协作到技术攻关都亲自过问。这是他永远不变的工作作风，关键实验现象一定要能重复进行，一定要亲自参与过，一定能以其他的方式进行验证。他需要的结论是直截了当的，这种固执较真、不留瑕疵的作风，无形中增加了成倍的工作量，消耗了他所有的精力和体力，造成体能长期透支，给他的健康埋下了隐患。

游子，重温乡情

谁也没想到他与故乡会如此匆匆地话别，就如山村骤然而至的夜晚，黑夜的迅疾几乎看不到降临的过程，没有黄昏的铺垫，突如其来，只在眨眼之间。说好了再回故乡的人，可是在父老乡亲们面前竟然爽约。

亲友们都记得，他当着大伙的面说："今后一定会常回家看看！"这是一个游子的心声。虽然长年漂泊在外，但他对家乡一往情深，由于工作繁忙，一别就是数十个春秋。数十载，家乡成为他朝思暮想的情人，在梦里无数次向他挥手，向他微笑。自从20世纪30年代离开邓屋，一直在外求学和工作，虽然没有太多的时间投进故乡的怀抱，但他的心一直未曾离开过故土，在繁忙的工作中，不时会打听家乡的情况，思念故土，牵挂亲人。

1992年之后，他几乎每年都会回乡一次，广东、深圳、东莞、桥头、邓屋这些系着乡情的地名，不时在他的行程表上出现。平时如有到南方出差的机会，他就会想尽办法绕道广东，走进东莞，回到桥头，去家乡邓屋走一走，看一看。

1995年6月27日，邓锡铭受东莞市科委邀请，在东莞市科学馆向全市干部、科技工作者作了一场题为"信息产业前景"的科技报告，讲解了高新科技新信息及激光科学知识。据负责接待的邓罗苏回忆，开始邓院士准备的报告内容是"当今世界激光科技发展趋势"，后来考虑这个主题有些不妥：一是讲得太过高深，大家听不懂；二是激光科技的发展趋势涉及很多科学与军事机密，万一泄露出去，将造成不良影响，于是后来调整了报告的内容。学术造诣深厚的邓先生，用风趣幽默的语言把枯燥乏味的科学现象讲解得妙趣横生。十几年过去，邓院士的风采在很多人的记忆中仍留有深刻印象，他把专业知识变成生动的故事来讲解，让大家听得津津有味。

很显然，对这场报告他是严肃认真的，作为送给家乡的礼物，他事先做了精心准备。一个人不管位置有多高，成就有多大，到了家乡他仍然是个普通的孩子，再高也高不过天，再大也大不过父母。在父老乡亲面前，每一句话都要讲得诚实，讲得亲切，讲得动听。

这是一场意义深远的讲座，他从什么是近代科技，近代科技是从什么时候开始讲起，再到科技和社会的双向影响，还列举出许多典型的事例，证明科技对生产力的作用。

可是谁也没有想到，这场报告竟然成为他与故乡最后的话别……

所有亲朋好友都说，当时讲台上的邓锡铭精神矍铄、神采飞扬，台下的人都被邓院士儒雅的气质给迷住了。谁也看不出，那么激情饱满的一个人，在短短的两年时间内就罹患癌症，永别人世。这样的事实让人无法接受，让人痛心疾首，可这就是无法更改的事实。

1995年6月27日邓锡铭在东莞市科技会堂向全市党员干部、科技工作者作科技报告，图为邓锡铭与本村宗亲科协干部邓罗苏会场合影

东莞市科协退休干部邓罗苏曾撰文回忆，讲座之后，他作为桥头邓屋出来的本族兄弟，很热切地对邓锡铭说："铭哥，你今后可以多回乡看看，多关心一下家乡。"

邓锡铭很高兴地答应了，并说，自己会尽量抽空回来，希望可以每年回莞两至三次，用行动来弥补对故乡的歉疚。

邓锡铭目光犀利，他在19年前就看到了东莞发展的瓶颈和软肋。于是他希望东莞能多发展一些高新科技企业，用现代科技来支撑东莞经济，让更多的研究成果应用到生产实践中来。那时候他在帮助深圳发展高新企业，并当选为深圳市政协委员、深圳市专家联谊会会长、深圳光学行业协会副会长。

改革开放初期，东莞主要在做"三来一补"企业，那时候东莞独立出来办高新科技企业的人并不多，有一些开始尝试的人也因管理和技术问题遭遇失败。所以之后很长一段时间，东莞人都不敢再去尝试科技企业。

有一回，邓锡铭趁出差间隙，专程赶回家乡邓屋，他找村民、村干部了解生活、生产情况。上小学时他曾听说过伯父邓植仪回乡改造潼湖的经历，他那次回乡专门到东深供水站进行了参观。家乡作为供应香港的水源地，邓锡铭深有感触，饮水思源，这是血浓于水的情感源头。

邓锡铭重回故乡

桥头父老，邓屋乡亲，他们勤劳纯朴，深爱家乡。堂姐邓君璧1949年在中山大学参加中共地下党组织，开展革命活动，丈夫叶锋1936年在香港参加革命，抗战时任华侨回乡服务团团长，后任东江纵队支队长，在根据地坚持抗日游击战。新中国成立前夕配合南下大军解放东莞、宝安、惠阳等地。新中国成立后任命为广东省东江专员公署首任专员，1979年调任中国银行驻港副总稽核，1981年任新华社香港分社副社长……

香港作为国际商埠，在革命年代反哺过内地，而邓屋与香港更有着千丝万缕的联系，望着汩汩流淌的东引渠，邓锡铭感慨万千。虽然岁月匆匆流逝，游子已经走远，但在他们心里永远不会忘记自己的根脉。

邓锡铭察看完家乡那些山山水水之后，与桥头镇领导进行了座谈。乡音是亲切的纽带，每一句都进入了心坎。座谈会上镇村干部提出发展工业、引资办厂的想法，但是由于缺乏懂技术、会管理的科技干部，想请邓锡铭物色一些科技人才到镇上帮助家乡发展镇办工业。

邓锡铭参观东江抽水站，右一为邓锡铭

邓锡铭对镇村干部的想法非常支持，返回上海不久，他就亲自带来几名科技骨干帮助桥头镇成立镇科技办公室、发展高新技术产业办公室，并建立了桥头镇科协组织，开展科普宣传活动。

有些人当时不相信邓锡铭的承诺，像他这样的院士名人，事务繁忙，对一些小事情不一定会放在心上。可是邓锡铭不仅时刻记在心里，还三番五次过问进展情况，仅用半年多的时间就办起了五个高新科技企业。由此，东莞市科技部门向全市各镇介绍了桥头镇经验，推广这种引进科技人才，引进新技术、新项目的做法，以此来带动东莞高新技术产业的发展。

如果邓锡铭能够健康地工作到现在，他一定会给家乡更多的关心和支持，东莞的高新科技一定会有更大的发展。回首20年前，邓锡铭已经看到了东莞发展的必由之路，只有依靠高科技这个引擎的带动，才能使东莞经济持续发展，再度腾飞。现在松山湖科技园的发展蓝图，也许就是邓院士心中曾经的梦想。

痛失栋梁

1997年12月20日，对激光科研领域来说，那是一个极度灰暗的日子。就在"神光–Ⅱ"装置改进达标进入工程实质性启动阶段时，邓锡铭由于长期过度操劳、心力交瘁造成免疫功能下降，罹患癌症，在上海华东医院不幸逝世，享年67岁。

对邓先生的去世，中国科学界曾作出过这样的评价：

邓锡铭院士的逝世，是中国科学界的重大损失，是超快速激光光谱学国家重点实验的重大损失，邓锡铭同志对中国科学界的贡献将载入共和国史册。

天妒英才，让人悲伤。当噩耗传来，正在医院住院的科学泰斗王淦昌先生悲痛不已，老泪纵横。

从1964年与邓锡铭相识到1997年，在长达33年的合作交流中，两人建立了深厚的友谊，虽然他们相差23岁的年龄，但在工作和生活上，两人情感相融，心灵相通，是一对无话不谈的忘年交。

凭邓锡铭的才能和天赋，完全可以为我国激光科技事业做出更大贡献。谁知在关键时刻，他竟撒手人寰，丢下热爱的事业，让科研团队失去了主心骨。王老回想他们几十年来惺惺相惜的往事，情绪久久不能平复。

王淦昌先生怀着一种万分悲痛的心情，找来纸笔在病房里写下了《老邓，你走得太早了》的悼念文章。字字句句，饱含深情。九旬高龄的王淦昌先生对帮助他整理此文章的高技术专家组邵海鸥讲："在我此生所有认识的科技界同事中我最喜欢邓锡铭，他人品好、技术专、有大智慧，是位难得的科技帅才。"王老让邵海鸥将他未发表的悼念文章先送给两弹功勋突破氢弹原理的科学家于敏院士看一下（注：于敏院士在文章中只补充了两个字）。此时此刻，只有同道中人才能理解，在科研上取得的点滴成就，都是汗水培育的胚胎，用骨血熬出的结晶。他们是科学界的战友，他们之间有着深厚友情，面对残酷的生死离别惋惜心痛呀！

王老的悼念文章后来刊登在1998年3月26日的《科技日报》上。文章回顾了两人几十年的交往过程：

……为了共同的事业，我和老邓走到一条路上。他把全部精力投入到工作中，想了很多的办法来增大入射激光的强度。我们一起筹划进行试验，激光器建在上海，由老邓组织人员进行实验……

"文化大革命"中，邓锡铭同志遭遇逆境，身陷囹圄多年，受尽折磨摧残。老邓那么好的人，吃了不少苦啊！由于失去了他的支撑，大大延缓了我国激光惯性约束聚变工作的进程……

老邓也认为，搞激光研究的人对核物理、核聚变还十分陌生，搞核物理、核聚变的人对激光的了解也很肤浅，需要密切合作。我给老邓讲了一个民间故事，就是"瞎子背瘸子"，两个人取长补短，就能到处跑……

甲午中秋，我们一行在新塘拜见到了邓锡铭的女儿邓润坤。作为邓家三姐妹中的老大，与妹妹们相比，她在家庭中吃苦与担当最多。对一个经历过十年动乱、下过乡、插过队的女性来说，她的内心有着难以言说的隐痛。回想父亲被批斗、被关押的过程，她眼含泪水，声音哽咽。虽然父亲已经离世17个年头，但在做儿女的心里，父亲一直还活着，一直与她们寸步未离，时刻都站立在他们身边。

邓润坤说："父亲是一名钢铁般的硬汉，在监狱里受尽磨难，但他从没有悲观、绝望过。"由于当时不少人忍受不了那种非人的虐待，趁看守不注意，含恨自绝。为了防止意外，邓锡铭被关押在只有三面墙的房子里，24小时有人看守。每天吃喝拉撒全在看守的监控之下，没有半点隐私可言。

即便在这样的环境中，邓锡铭还是咬牙坚持，含泪忍耐，他相信阴霾是暂时的，乌云终究遮挡不住太阳的光辉。

出狱后他没有半句牢骚怨言，也没想过要找上级申诉自己的冤屈，得到什么补偿。而是像一块吸水良好的海绵，把所有的苦难遭遇，把身体的伤痛全都深藏在心底。

他热爱科研，甘愿为自己热爱的事业献出生命，虽然从未有过任何豪言壮语，但骨子却有着大英雄般的凛然气概。

1997年6月初，身体严重不适的邓锡铭从上海嘉定郊区医院转往位于静安区延安西路的上海华东医院。

邓润坤回忆，为了照顾好爸爸治疗，家里在医院附近租了房子，妈妈初期在医院陪护。从入院到病逝一共只有半年时间。开始三个月状况还很不错，邓锡铭趁自己精神状态尚可，几乎每天都通知项目组的同事过来商谈，一会是"863-416"主题专家组的，一会是"863-410"主题专家组的。晚上做完治疗，他就开始自己的工作，与项目组的同事聚在一起开会，讨论"神光-Ⅱ"装置下一步的方案和计划。有时人来得很多，病房容不下，只好把医生办公室都给占用了。

为了让邓锡铭更好地休息，医生和家人多次劝说，告诉他不能再操心劳累了。可是他怎么也放不下心头的事情，他可以不吃不喝，但决不能不管科研项目的事，他一天不知道情况，心就会悬着，晚上怎么也睡不踏实。

住院时，亲友们特意带了一盆花去医院，他看到洁白的病房里，突然来了一盆姹紫嫣红的鲜花，顿时满脸微笑。想着生命的绽放有着那么迷人的过程，而走向枯萎又是那样的孤寂和落寞。

那段时间他看到先他进院的病友正在接受最痛苦的化疗，由于化疗对消化道的刺激，开始出现恶心、呕吐、腹泻，没有食欲，后来发展到头昏、耳鸣、耳聋、味觉丧失。

病友们由于不能进食，精神日见萎靡，浑身乏力，稍微动一动，就一身虚汗。虽然邓锡铭自己的身体也异常虚弱，但他还是强打精神，给病友们鼓劲，开导他们要用意志和毅力与病魔抗争，不管多么难受，还是要保持原有的乐观和豁达。

有一次同事从外地带来一些灵芝，拿给邓锡铭滋补身体。不知是灵芝的神奇，还是邓锡铭意志有那么坚强。后来化疗时他竟没有明显反应，为探讨此事，1997年6月1日他给同事邵海鸥专门去过一信：

邵海鸥同志：

今天是六一儿童节，我邀请了范滇元院士和他的漂亮女儿共进晚餐，共庆儿童节。在用餐中，我在想，能保持现在的头脑，并有一个儿童的健康身体，多好啊！我给您讲一个秘密，您不要传出去。人家进行化疗是非常恐怖的，反高温，上吐下泻，头发掉光的都有，很多还因反应太大而进行不下去。而我呢？胃口愈来愈好，头发不仅没有掉，梁阿姨和其他护理人员都说，你的头发真奇怪，不少白发重新转为黑发，我照照镜子，果然如此，也许这就是您所说的那位传奇式人物身上又多了一条神秘的新闻。也许就是灵芝的作用。

高专办全体同志寄给我的由您起草的慰问信，我把它贴在床头墙上，每天看1～2次，有时候自己看到笑起来，我真有魅力？在哪里呢？如果真有，也只是微不足道吧！

我很喜欢和高专办的同志打交道，你们都很友好，办事认真，对人尊重，不亢不卑。我对经常联合室办公室的同志讲，叫他们好好向你们学习，首先学习人家，多做少说，甚至只做不说，以克服我们自己的少做多说，甚至不做也说的毛病。

我对自己的身体有信心，有了这样多同志的关心，定会促进我的康复过程，希望年内能有机会见到你们。谢谢！

邓锡铭

1997年6月1日于华东医院

邓锡铭是乐观主义者，他似乎对自己的身体还很有信心。有时他看到妻子眼神中的忧愁，就会反过来安慰妻子。他说，自己几十年都在忙研究，从没有抽出空陪一陪家人。等这次康复了，一家人一定要去外面旅行一次，一起游泳，一起爬山，好好享受一下山水之间的快乐……

梁绮梅听丈夫这么说，再也忍不住了，装着上厕所，躲在里面号啕大哭。她盼望老天开恩，奇迹出现。

1997年10月之后，邓锡铭的病情每况愈下，但他还是坚持与病魔搏斗。

离世前的那些日子是邓锡铭最痛苦的一段时间，一直守在他身边的邓润坤，看到爸爸痛苦难过的样子，心如刀绞。

他在最后时刻，没有与女儿和妻子说什么，因为他没有金钱和财产需要分配，他只是把项目组的领导和同事逐一叫到身边，一件一件做好交代。在与死神抗争的那点时间里，他的脑子还是不愿闲着，他掐着一分一秒的倒计时，与时间争夺。

去世前，他咬紧牙关，忍着剧痛，在病床上奋笔书写了3小时，完成了一份20多页的"意见书"，那是为"神光-Ⅱ"勾画的发展蓝图和技术路线，谆谆遗嘱皆为"神光"。同事们拿着这份材料，感觉字字句句都染着血色，它像珠宝一样闪光，碑石一样沉重。资料在同事们手中相互传阅，虽然大家一言未发，但早已泪流满面。

邓锡铭在书房留影

每当追忆邓锡铭先生的奋斗历程时，就让人情不自禁地联想到居里夫人。那位饱尝科学甘苦的放射科学奠基人，因长期身体透支，积劳成疾，罹患白血病，于1934年7月与世长辞。

邓锡铭患的是多发性浆细胞骨髓瘤，此病是一种恶性浆细胞病，其肿瘤细胞起源于骨髓中的浆细胞，而浆细胞是B淋巴细胞发育到最终功能阶段的细胞。此病的病因虽然至今尚无准确定论，但不排除病毒、放射性物质、化学毒物和药物、遗传等许多因素与发病有关。

居里夫人长期在艰苦条件下进行紧张的放射性元素研究，由于当时没有重视射线对人体的破坏作用，所以工作时没有采取必要的防护措施，致使有害放射物质严重危害了她的身体。加上镭元素具有剧毒，它能取代人体内的钙并在骨骼中浓集，慢性中毒可引发骨瘤和白血病。居里夫人的病因专家们推测与长期接触放射线照射有关。而邓锡铭先生研究激光打中子，长期与放射线接触，因此他的病因也无法排除与他的工作环境相关。

"两弹元勋"邓稼先在一次试验事故中，曾把摔破的原子弹碎片拿到手里仔细检验，后来不幸患上癌症。在这些相关领域还有其他科学家也染患了绝症，更进一步印证了两者之间的因果。

不过话又说回来，即使邓锡铭事先知晓，做激光科学研究会危害身体，有引发癌症的风险，他也决不会退缩。从接触激光科研的那一天起，就有了为之献身的精神。他一生虚心好学，无论是对上，还是对下，都谦虚谨慎、和蔼可亲，没有半点清高和傲慢。他不仅与王淦昌、王大珩两位大师感情甚笃，与其他科学前辈也同样情深义重。

邓锡铭匆匆地走了，他带着未竟的事业遗憾离去，他心里还有太多的牵挂，还有太多未了之情。他知道自己所钟爱的激光事业将给人类带来更多福祉，他希望后来者能有更多的创造和发现。

21世纪是光子的世纪，不仅在光通信、光传感领域，还有将来那些未知的方面都会因光子发生本质的变化。光子学技术也已

经在存储、激光加工、生物医学、环境监测、能源、军用等众多
领域有了广泛、深刻的影响。邓锡铭缔造的那束神光将引领我们
走向更加辉煌灿烂的明天！

第十一章　银河里的星光

银河公墓的独特标志

广州市天河区燕岭路418号是一个静谧的去处，走近这个地方，很自然就会让人想起北京八宝山。两地无论是外在的形态，还是内在的气质，都有众多的相似之处，也许墓地是世间最为相通的地方，因为那里是灵魂最后的归宿。

我没有计算过北京八宝山到广州燕岭路的准确距离，但我知道那是一南一北两个端点。在漫漫人生路上，那两个大写的句号，成为众多生命终结的站点。

相信大家都早已知道，这个位于燕岭路的静谧之处就是远近闻名的广州银河公墓。站在层层叠叠、鳞片般的墓地，可以通过内心的察省去遥望生命的归途。

为追寻邓锡铭先生渐行渐远的背影，我们从他生命开篇的邓屋古村起步，到安葬他的广州银河公墓结束，用一种敬仰的目光，丈量着一个科学家生命的长度与精神的高度。

深秋的一个周末，我们从东莞出发，专程去往银河公墓。走在通往墓地的水泥道上，听到脚底踢踢踏踏的声响，心底骤然漫过如水的寒凉。路旁长满密密匝匝的青草，草丛中偶尔探出几朵金黄的野菊，像夏夜的流萤，闪烁着星星点点的光芒。

虽然时已深秋，但岭南正午的阳光依然不减威力，只走不算太长的一段路，额头就挂满了汗珠。进入墓区大门，一种让人意外的阴凉扑面而来，刚才还在头顶明晃晃的阳光，因为树木的遮掩，已蓦然收敛，使原本燥热不安的内心变得肃穆起来。回头看看外面，那个车马喧闹、无比嘈杂的世界，好像越来越远，错愕之中以为自己误入了时光隧道。

沿通道往里，不时有落叶在空中划着优美的弧线，像受伤的蝴蝶飞舞着，轻轻地跌落在头顶或脚尖。风晃晃悠悠地吹来，刮得满地的落叶哗啦啦往前飞蹿。因为不是祭奠时节，整个墓区显得特别安静空旷，仿佛空气都已凝固。

广州银河烈士公墓是华南地区首座由政府建立的纪念性革命公墓。1954年经中共中央华南分局前省委书记陶铸批准，广州市原市长朱光亲自落实筹建事宜，划出银河乡管辖内的对面岗、石顶岗、龙草岗等处作为公墓规划用地。

银河公墓最初为土葬，随着新中国的发展，为响应党中央在城市实行遗体火化骨灰存放的号召，1963年，银河烈士公墓兴建了第一座骨灰堂，开始陆续存放骨灰，初期主要存放已故部级以上领导干部和老红军的骨灰。

公墓规模随着岁月流逝不断扩大，因为生死就像季节轮回，走在通往墓地的路上，生命的流水奔腾不息，一浪盖过一浪，一代人新生，一代人消亡。走进墓园，让人更加洞明了生死，这不仅是一种自然轮回，更是永恒的生命哲学。

广州银河公墓大门　刘克平　摄

2013年3月，银河公墓管理部门曾公布过一个统计数据，银河公墓已保存我国各个历史时期的革命烈士、军人、国内外有影响的爱国人士等墓穴8200多座，保存骨灰约3.3万盒。其中有沙基惨案烈士墓（广州市重点文物保护单位）；广州早期工农革命运动领袖、大革命时期广州第一区农民协会执行委员长林宝宸；民国14年（1925）第一届中华全国总工会委员长林伟民；省港大罢工委员会副委员长何耀全；工团军分队长黄驹；广东铁路工人运动先驱潘兆銮；粤汉铁路总工会执委吴林和其弟吴棉；中国左翼文化总同盟广州分盟温盛刚六烈士；新民主主义青年团广州市执委廖家祯、新闻报主编陈秋霖、工人日报社副社长陈复、十万大山抗日将领张炎夫妇、中共粤赣湘边纵队东江三支队先遣总队团副政委崔楷等先烈墓；1959年在广州陈李济药厂灭火牺牲的向秀丽烈士墓及其半身塑像；1946年在广州自筹资金创办广东第一所聋哑学校的张颖仪；1960年在广东英德马口造纸厂灭火牺牲的公安干警马德林等13位烈士的马口烈士墓及群英塑像。

墓园相聚，印证了人生的风云际会、生死相牵。在银河公墓，被称为风流诗人的杨骚与著名女作家萧红成为冥邻。1952年9月，杨骚从印尼雅加达回国，次年初任广州市作协副主席、中国作协广东分会常务理事。1957年1月15日病逝后被安葬在广州银河公墓。而七个月后，著名女作家萧红也葬到了离他仅五米远的地方。

早逝的萧红是一个让人念念不忘的作家，她的墓前经常会摆放大束的鲜花。一些文学青年在节假日里慕名而来，献上自己的悼挽，让她的文字辗转在青春的枕边。

除作家、诗人在冥界相会之外，还有画家于泉下聚首。银河公墓的统战墓园安葬着陈树人、高剑父、黎雄才、余本等著名画家。他们生前因有共同的爱好，经常切磋，相互欣赏，用丹青妙笔开创了影响深远的岭南画派，死后他们的墓地又紧密相连。

高剑父是中国近现代中国画家、美术教育家、岭南画派创始人之一，曾与廖仲恺、何香凝夫妇一起研究过日本及欧洲绘画艺术。1951年6月在澳门逝世；2007年3月26日，中共广州市委统战部将其迁葬于银河公墓。

令人称奇的是，与高剑父、高奇峰并称为"岭南三杰"的陈树人也葬于此地。陈树人早年追随孙中山从事民主革命，一生历任国民党要职，是辛亥革命与国民党的元老，1948年在广州逝世。1996年10月21日安葬在银河公墓。

黎雄才是高剑父的弟子，擅长山水画，他的墓碑背景是一幅黄山迎客松。他以手握毛笔，眉头紧皱，若有所思的姿势立于松柏丛中，永恒地思考中国山水的千姿百态。2001年去世之后，黎雄才安葬在银河公墓，在这里与他的恩师高剑父天堂重逢，比邻而居。

除此之外，还安葬着粤剧名家马师曾、历史学家岑仲勉、孙中山贴身侍卫梁照林。

银河园雕塑

历史像个巨大的沙漏，漏去了许多虚幻速朽的事物，留下了坚硬如铁的骨骼。墓地是供人沉思的地方，是所有生命留存的最后物证。穿行在偌大的墓园中，内心像被清水洗过，顺着登山台阶缓步上行，宛如踏上了通天的云梯。小路两旁树枝低垂，小鸟啁啾，让人不解的是，这里的虫鸣鸟叫不仅毫无喧闹，反而使辽阔的墓园更显空寂。此情此景正好暗合了"蝉噪林愈静，鸟鸣山更幽"的意境。

在烈士公墓内我们缓步轻移，生怕这种擅闯墓地的行为，惊扰地下的魂灵。不远处看到了一些更加熟悉的名字，他们是全国人大常委会原副委员长、中共广东省委原书记谢非，广州军区原司令员陶伯钧中将，中共广东省委原第一书记任仲夷等老一辈革命家。

我们是为寻找激光学家而来，在这个远离科研的墓地上，邓锡铭的灵魂以一种独一无二的姿态呈现在大地山河之中，那个球状的激光器模型是他人生最准确生动的描写，成为一种无声的宣言。中国第一台红宝石激光器在逝者的头顶直指天穹。在精准的科学仪器上，无论多么华丽的文字都显得蹩脚和多余。对"神光"的缔造者来说，发明的艰辛与曲折、科学的神奇与严谨，在实物的印证之下，道出了发明创造的所有甘苦，即便是一字不着，却已胜过万语千言。此刻，我们突然想起了邓氏祖屋的那幅壁画，祥云和飞天的意象在这台激光器上附体。

墓园宽阔，打此经过的人难以计数，但无论男女老少，他们都被这独具一格的墓地所吸引。几乎每个过来祭奠亲友的人，都会不由自主地停下脚步，在墓前驻足片刻。看到这个激光器，自然就会想到安葬在此的一定是一位科学家。没错，这就是被誉为

邓锡铭之墓

"中国激光先驱"的邓锡铭院士之墓。

如此富有创意的墓碑并非出自设计大师之手，而是萌发于邓锡铭夫人的内心。在她眼里，激光器就像邓锡铭生命的胎记，他一生把整个身心都奉献了中国的激光科研事业，他的生命与激光科学融为一体，一生一世都没有分离。

如此切合身份的墓碑，只有相濡以沫、心灵相通的妻子才能想到。百年修得同船渡，千年修得共枕眠，一对患难与共的夫妻永远都能保持高度的默契，听到彼此的心声。

每年清明节都会有人撰写悼念文章，《广州日报》《羊城晚报》连续几年给这座墓碑配发文字和图片。这种创意的墓碑融入了生命的艺术，以独一无二的面貌对抗着汹涌的时光。天地相映，日月争辉，因为有这道神光的照射，说不定天界的神仙早就向往地上这条银河！遥望这条人间天河，红宝石激光器就像星辰一样在头顶闪耀日月山川，形态永恒，我想这就是一个科学家最高的荣耀。

塑像，永远怀念

自古以来，要记住一个人的功绩，都会选择树碑立传，只有用坚硬的物质固化精神，塑造形象，才能抗拒时光的冲刷，经受岁月的淘洗。

2002年12月20日是邓锡铭逝世五周年纪念日。为了缅怀邓院士的光辉业绩，上海光学精密机械研究所举行了邓锡铭追思座谈会。邓先生的学生、时任上海光学精密机械研究所副所长朱健强作了满含深情的发言。

朱健强说："邓老师是我国激光事业的开拓者、上海光学精密机械研究所的创始人之一。他对上海光学精密机械研究所做出了重大贡献，培养了许多出色的人才。"

2007年12月19日，邓锡铭逝世十周年祭日前夕，高功率激光物理国家联合实验室举行了隆重的追思会暨邓锡铭院士铜像落成仪式。

高功率激光物理联合实验室是中国科学院和中国工程物理研究院合办的跨部门科学技术研究实体，于1986年6月成立，旨在推动我国激光惯性约束聚变研究的顺利发展。

这正是邓锡铭为之努力而未竟的事业。主持铜像落成仪式的是邓先生的学生、联合实验室主任朱健强。他说："一个人在世时让人记住很容易，去世后要让人常常想起却很难。邓老师离世十周年，我们还时刻想念他、追思他，可见他在我们心里有多么重要的位置……"

应邀参加铜像揭幕的邓锡铭夫人梁绮梅非常感动，丈夫离世十载，3650多个日子。十年了，她无时不在思念他，可她没想到丈夫生前的领导、同事和学生也一样，对老邓仍然念念不忘。十年风雨人生路，其间发生了多少变迁，但这一切并没有冲淡大家对邓锡铭院士的追思与怀念。梁绮梅抚摸着崭新的铜像，眼含热泪，从心底发出了一声深情的呼唤："老邓——你还好吗？我们在这里看着你！"

情感的闸门已经打开，在追思会上，邓锡铭的女儿泪流满面，她不停地喊着"爸爸！爸爸！"颤抖着双手，站起身，代表亲属向大家致谢。

与邓锡铭共事30多年的范滇元院士作了声情并茂、内容翔实的发言。他回顾了邓院士对我国激光事业、对上海光学精密机械研究所高功率激光研究室做出的杰出贡献。王世绩院士、顾援研究员及邓院士生前的老同事和学生分别发言。他们深切缅怀邓锡铭宽以待人、严于律己、执着追求事业的优秀品质。他以深厚的专业造诣、独到的学术见解、超乎常人的坚韧信心以及卓越的科学组织才能为我国高功率激光事业的起步和成功发展起到了无法替代的作用，做出了不可磨灭的贡献！

邓院士根据我国激光聚变的战略要求，积极推动高功率激光聚变领域的研究，并在此基础上，创新性地提出了建立中科院、中物院联合实验室的合作研究模式，开辟了我国科研合作领域的成功典范。

同样是这一天，在邓锡铭先生的家乡，有一位名叫邓罗苏的同宗兄弟，在《东莞日报》上以《激光的骄子 莞人的骄傲——纪念邓锡铭院士逝世十周年》为题，发表了一篇情真意切的悼念文章，在邓锡铭逝世十周年的日子里他暗暗发誓，一定要以一种特殊的方式来纪念邓锡铭这位激光骄子。

回乡是一个感人的词语，在亲人和故乡的深情凝望中，阔别多年的邓锡铭终于回到故乡。虽然听不到铿锵的脚步，但这是真正的魂归故里，他以一尊铜像的形式扎根故土大地。

2008年12月7日，东莞市科技馆举行了莞籍院士铜像揭幕典礼。邓锡铭、李衍达、莫伯治、毛炳权、何镜堂五名莞籍院士的铜像在仪式上一齐亮相，这是一群智者的塑像，他们如星光一样闪耀在市区中心广场上，成为一道独特的文化景观。

作为一个探访者，2015年5月9日上午，我与邓罗苏先生约定，在莞城罗沙路东门广场东正社区服务中心进行了一次长谈。邓罗苏先生把东莞籍五名院士的塑像过程原原本本地给我讲述了一遍，他拿出几页发黄的纸张，那是历史记忆。1990年，他向市委、市政府提出建议，为了激励后辈，市里应该表彰一批东莞籍科技工作者，2004年，经过长时间构思，他开始萌生念头，表彰可以从最顶尖的代表开始，如在中国科学院或者中国工程院的莞籍科学家，可以为他们竖立铜像，让东莞的孩子们知道原来家乡有这么优秀卓越的前辈。

那段时间，他为此事奔波在东莞市政府以及科协、科技馆等部门之间，先后赴上海、北京收集资料，听取各方意见，最后圈定五名两院院士。2008年8月铜像开始动工铸造，12月26日，五名莞籍

东莞市科技馆邓锡铭塑像

院士的铜像与新一届东莞市青少年科技创新大赛同时揭幕。院士的亲人站在铜像前深情地说："好像啊！简直与真人一样！"

铜像揭幕那天，邓屋村委干部作为院士故里代表被邀请参加揭幕仪式，那天参观者络绎不绝，大家排队站到铜像前合影留念。相机的咔嚓声此起彼伏，在闪光灯的背后，邓罗苏欣慰地笑了……

这是一次意义深远的活动，两院院士是我国最高端、最宝贵的人才智库，在不同的科研领域成为引领方向的航标和灯塔。通过给院士塑像，将激发家乡青少年努力学习、热爱科学、为国争光的理想信念。

五名院士像五座高峰，他们的铜像一字排开，目光深情地注视着家园故土。人们凝视着五位科技巨人的身影，心底瞬间就多了一种厚重，一个以科技命名的场馆由此多了一种骄傲和自信。丰富独特的内涵，使原本普通的建筑，有了一种与众不同的风度和气质。"腹有诗书气自华"，在物欲横流的现实中，只有知识会让人变得更加高贵和美丽。

在宽大的空间里，缓步走近铜像，院士的智慧光芒在眼前闪烁，我看到了他们质朴谦逊的表情。激光专家邓锡铭，仰望天宇，目光深邃，有如电光穿透长空；信号处理与智能控制专家李衍达，神态大方，面带微笑；建筑专家莫伯治，眉头舒展，满脸祥和；高分子化工专家毛炳权，凝视前方，放眼未来；建筑大师何镜堂，充满智慧，略显沉思。

站在科技馆大门前，思绪被这些科技智者所牵引。在全球化的今天，科技作为第一生产力，已成为综合国力和国际竞争力的第一要素，科技是工业发展的龙头、农业产业结构调整的动力、国家的软实力、国富民强的基础、军事保障和国家安全的后盾。

邓屋村村史馆邓锡铭铜像　刘克平　摄

此时此刻，有一种声音再次在耳边回荡，1995年10月，邓锡铭先生曾在这里作过一场精彩的科技报告，他没想到，故地重游，自己最终会以雕塑的形式长驻此地。

时光飞逝，13年之后，邓院士早已离世，但故乡人却没有忘记他的名字，节假日里成群结队的青少年不约而同到这里瞻仰、缅怀他的功绩！

另一个场景是在邓锡铭的家乡，2012年10月，东莞桥头邓屋村村史馆落成，坐落于邓屋广场图书馆一楼的村史馆设有两个展厅，共有八个部分、上百件实物、260张图片，记录了邓屋村立村以来的政治大事、民风民俗、人文发展、社会变迁。那些独轮车、风谷车、犁、耙、谷箩、虾兜，再现了邓屋古村的农耕历史，让人重温艰难往事，找回逝去的岁月。

本书主创人员在邓屋村村史馆参观

除那些展示出来的实物和图片之外，还有一个让邓屋人引以为豪的陈列，那就是邓锡铭铜像。这是邓屋人的骄傲，邓锡铭为家乡争得了荣誉，争得了光彩！

村领导说，在村史馆里树立邓锡铭铜像，可以激励村民，鞭策后代，意义重大。我深知务实低调的邓屋人，他们村史馆的陈列并非为了炫耀，而是作为承前启后、继往开来的展示。

在村干部的陪同下，我们静心倾听讲解员对邓屋古村历史变迁的讲述，窗外如水的阳光透进来，辉映着一尘不染的塑像，反射出金属坚硬的光泽，只有坚硬不朽的铜才能托举起邓锡铭的精神重量。回到故乡的邓锡铭像功德圆满的佛祖，一脸安详，他用深情的目光注视着来者，对家乡的学子寄予着无限厚望……

所有的艺术都有相通的表达，美院的雕塑家利用黄金分割术勾勒出邓屋乡贤的高贵形象。邓锡铭高挺的鼻梁、饱满的天庭表现出智者的阳刚和锐气，将科学家的心灵与情操作了艺术的再现和升华。

站在铜像前，不由让我们审视起在尘世中奔忙的自己，与众多同类一样，在狭隘慵懒、粗俗卑贱的境况中，视野日益狭窄，心灵积满尘埃，唯有光的照彻才能驱走阴影，传递温暖和光明。

邓锡清向邓屋村村史馆捐赠画作　刘克平　摄

　　此时，铜像另一侧，邓锡铭的胞弟、著名邮票设计师邓锡清先生将他精心绘制的熊猫图捐赠给了邓屋村村史馆。当村干部从邓锡清手中接过精美的画作时，我看到铜像面部浮现一团光芒，正在不停跳跃，随即铜像的眼眶中有一种潮湿的光芒反射出来，那一刻，我们全都惊呆了！

　　神光乍现，那双充满智慧的眼睛瞬间复活，也许他知道自己已经魂归故里，于是在沉睡中睁开了眼睛，感受着扑面而来的温暖乡情。顺着柔和的光线，我们看到激光大师嘴角悄然上扬，眉头舒展，清癯的脸上露出了动人的微笑！摄影师"咔嚓"一声按下了快门，一张记录历史的照片定格了难忘的瞬间。

后　记

本书作为东莞市文化精品扶持项目，从确定选题、收集资料、采访考察到动笔创作，我们都真切地感受到了所肩负的使命和责任。回想第一次见到邓锡铭的时候，这位笑容可掬的激光科学家仿佛从照片上走了下来，在梦境中与我们彻夜长谈。当这本书最后一个字落笔，我们突然有了一种隔世相望的心灵感应。"灵魂附体"这个成语最后成了我们创作的一种诠释和宿命。自始至终，邓锡铭的魂就附着在我们身上，我们感受到了他的体温、热度和心跳。

一本书有一本书的运气，一本书有一本书的缘分。记得著名作家贾平凹曾说过："一本书的命运也是一个社会前进的轨迹。"其实许多看似不经意间的偶然事件，它背后都有着必然的成因。

每个人都有自己的梦想，每个人都有自己的理想追求，在梦想的追寻中，有助于我们重建信仰、塑造精神。作为南漂者，能与邓屋比邻而居是一种幸运，更是一种机缘。触摸沧桑厚重的历史，让我们深深敬佩东莞这块改革开放的先行地，这个创造了无数发展奇迹的地方。在这里我们看到一张敢为人先的基因图谱，当我们用文字去追寻邓锡铭院士的足迹时，很快就沉浸在那种感动之中，灵魂被洗礼，思想在升华，信仰在延续。

依靠光的指引，我们用一年的时间走过了邓锡铭的一生，感受着他在逆境中挣扎，在顺境中保持清醒的学人风范。他甘于寂寞，埋头科研，无论命运怎样起伏沉浮，始终保持知识分子的骨气与节操。不为名、不为利，他的品格像一把号角，让理想为之激动，使正气无限蔓延，这种纯洁高尚的极限境界，只有神圣信仰方可抵达。他用尽毕生心血，不负众望，即使在最困难的时候，也没有丢掉自己的品性与良知，他是技术高超与人格高尚的完美结合！

作为一个文艺工作者，面对不断世俗化、物质化的世界，我们该如何点燃日渐微弱的信念火光？让人们找回英雄主义和理想主义的高昂激情，使我们在实现中华民族伟大复兴的进程中，多一些精神之钙，多一些人性之光。

时代在发展，人们的思想也在不断变化，在这个高速发展，追逐个人价值的年代，是否还需要呼唤时代英雄？是否还需要传承艰苦奋斗、乐于奉献的精神？我们应该不断去拷问自己，生命的价值到底在哪里？我们应该怎样去拼搏进取？邓锡铭用他的行动为我们做了最好的注释。他是一个时代的精神标杆，他提示我们，在人生的坐标系里如何选择自己的参照。

由于时间紧、任务重，而纪实文学的创作与纯虚构的小说创作又有许多不同之处，它必须遵循真实的事实，所以在创作此书的过程中遇到了不少困难。为了帮助我们解决各种困难，桥头镇宣教文体局副局长、文广中心主任刘克平同志亲自联系采访对象，安排时间，提供车辆。最让人感动的是，他在繁忙的工作之余，主动承担起本书的图片拍摄任务，先后赴广州、韶关、东莞等地。为了完成一张满意的图片，有时需要往返数次，花上几天时间，感谢他用辛勤的汗水，为本书增光添色。

为了能掌握更多的资料，我们先后深入广州、深圳、东莞等地采访，由于邓氏家族十分庞大，众多后裔分布在全国乃至世界各地，加上时间久远，长期分离，邓氏后人之间几乎没有任何联系，使资料收集遇到了不少困难。为了尽可能获得有价值的一手资料，通过刘克平主任和邓屋村村委会的共同努力，2014年5月初，阔别故乡70多年的著名邮票设计师、邓锡铭院士的胞弟邓锡清先生回到了邓屋，并愉快地接受了我们采访，提供了一些重要的资料，在此特致谢意！

同时还要感谢中共东莞市宣传部领导和市文联、市作协的关心支持，使这个创作项目能按时完成，感谢著名作家陈启文先生，他在百忙中审读书稿，耳提面命，提出了极其宝贵的修改意见；感谢邓锡铭院士长女邓润坤、次女邓润中、三女邓润钢及女婿周征为本书提供了重要的资料和线索；感谢国家高技术"863-416"主题专家组办公室原秘书邵海鸥老师以及中共桥头镇党委委员陈进昌、宣教文体局局长陈广城、邓屋村村委会宣传委员邓洪辉、邓屋村老前辈邓根喜、市科协老干部邓罗苏等同志，正因为有大家的鼎力相助，才使本书顺利面世。

2015年9月16日